www.ingramcontent.com/pod-product-compliance
Lightning Source LLC
LaVergne TN
LVHW021304080526
838199LV00090B/6002
9789358729122

اردو کے کچھ ادیب

فن اور شخصیت

('اردو چینل' سے منتخب شدہ مضامین)

مرتبہ:

سید حیدرآبادی

ڈاکٹر قمر صدیقی

© Dr. Qamar Siddiqui

Urdu ke kuch Adeeb : Funn aur Shakhsiat

by: Syed Hyderabadi

Edition: August '2024

Publisher :

Taemeer Publications LLC (Michigan, USA / Hyderabad, India)

ISBN 978-93-5872-912-2

9 789358 729122

مرتب یا ناشر کی پیشگی اجازت کے بغیر اس کتاب کا کوئی بھی حصہ کسی بھی شکل میں بشمول ویب سائٹ پر اَپ لوڈنگ کے لیے استعمال نہ کیا جائے۔ نیز اس کتاب پر کسی بھی قسم کے تنازع کو نمٹانے کا اختیار صرف حیدرآباد (تلنگانہ) کی عدلیہ کو ہوگا۔

©ڈاکٹر قمر صدیقی

کتاب	:	**اردو کے کچھ ادیب : فن اور شخصیت**
مرتب	:	**سید حیدرآبادی / ڈاکٹر قمر صدیقی**
صنف	:	غیر افسانوی نثر
ناشر	:	تعمیر پبلی کیشنز (حیدرآباد، انڈیا)
سالِ اشاعت	:	۲۰۲۴ء
صفحات	:	۷۲
سرورق ڈیزائن	:	تعمیر ویب ڈیزائن

فہرست

(۱)	راشد الخیری	ڈاکٹر قمر صدیقی	6
(۲)	سجاد حیدر یلدرم	ڈاکٹر قمر صدیقی	12
(۳)	پریم چند	ڈاکٹر قمر صدیقی	18
(۴)	کرشن چندر	ڈاکٹر قمر صدیقی	23
(۵)	راجندر سنگھ بیدی	ڈاکٹر قمر صدیقی	28
(۶)	سعادت حسن منٹو	ڈاکٹر قمر صدیقی	34
(۷)	عصمت چغتائی	---	39
(۸)	کچھ وحید اختر کے بارے میں	سرور الہدیٰ	45
(۹)	رفیعہ شبنم عابدی	شیخ حسینہ	52

راشد الخیری

ڈاکٹر قمر صدیقی

راشد الخیری جنوری ۱۸۶۸ء میں پیدا ہوئے۔ والد کا نام حافظ عبد الواحد اور دادا کا نام مولانا عبد القادر تھا۔ والدہ کا نام امیر بیگم بی بی رشید الزمانی تھا۔ یہ نواب فضل رسول خاں کی بیٹی تھیں۔ دادیہال کی طرف سے راشد الخیری کا خاندان علما و مشائخ میں شمار ہوتا تھا اور ننھیال کی طرف سے آخری مغل تاجدار بہادر شاہ ظفر سے رشتہ داری تھی۔ گویا ایں خانہ تمام آفتاب است۔ راشد الخیری کے والد حافظ عبد الواجد خاندان کے پہلے شخص تھے جنھوں نے خاندانی روایت سے انحراف کر کے انگریزی تعلیم حاصل کی اور سرکاری ملازمت کی۔ البتہ ملازمت کبھی جم کر نہ کر سکے۔ آخری ملازمت نواب آف حیدرآباد کی تھی جہاں وہ بندوبست کے مہتمم کے عہدے پر فائز تھے۔

راشد الخیری کی والدہ زیادہ پڑھی لکھی نہ تھیں۔ تاہم انھیں تاریخی واقعات، بادشاہوں کے حالات، سبق آموز کہانیاں اور اردو اشعار خوب یاد تھے۔ وہ گاہے بہ گاہے ان اشعار و واقعات کو راشد الخیری کو سناتی تھیں۔ اس طرح بچپن ہی سے گھریلو تربیت کے باعث خوفِ خدا اور عظمتِ رسولؐ کا نقش دل پر ایسا بیٹھا کہ ساری

زندگی جاہلانہ و باطلانہ نظریات اور رسم و رواج کے خلاف جہاد بالقلم کرتے رہے۔ راشد الخیری کی ابتدائی تعلیم ان کے دادا مولانا عبد القادر کی نگرانی میں ہوئی۔ چونکہ ان کے والد بہ سلسلہ ملازمت باہر رہتے تھے اس لیے راشد الخیری کی تربیت کی ساری ذمہ داری ان کے دادا نے ادا کی۔

قرآن کریم اپنی دادی بڑی استانی کی نگرانی میں مکمل کی اور فارسی کی تعلیم بھی گھر پر ہی ہوئی۔ بعد ازاں دلی کے عربک اسکول میں داخل ہوئے لیکن انگریزی کے علاوہ کسی مضمون میں دلچسپی نہ تھی لہٰذا اسکول سے اکثر غائب رہنے لگے۔ اسکول میں اساتذہ کا بہت احترام کرتے تھے۔ اردو فارسی کے استاد خواجہ الطاف حسین حالی تھے۔ وہ راشد الخیری کی علمی لیاقت سے بہت خوش تھے۔ حالی کے علاوہ اسکول کے ہیڈ ماسٹر خواجہ شہاب الدین اور انگریزی کے استاد مرزا احمد بیگ بھی ان سے خوش تھے۔ اس کے باوجود اسکول میں ان کا جی نہ لگتا تھا۔ گھر کے تمام بزرگوں کی تاکید اور دباؤ کے باوجود نویں جماعت سے اسکول جانا چھوڑ دیا۔ یہ صورت حال تمام اہل خانہ کے لیے تشویس ناک تھی۔ باب اور دادا کا انتقال ہو چکا تھا لہٰذا ان کی دادی اور والدہ ان حالات کے مد نظر بہت پریشان ہوئیں۔

اس دوران ڈپٹی نذیر احمد جو کہ راشد الخیری کے پھوپھا تھے حید آباد (دکن) سے دہلی آئے۔ راشد لخیری کی دادی نے راشد الخیری کو ان کی نگرانی میں دے دیا۔ ڈپٹی نذیر احمد نے انھیں پڑھنے لکھنے کا سلیقہ سکھایا۔ جب ڈپٹی نذیر احمد حیدر آباد جانے لگے تو انھوں نے راشد الخیری کے چچا خان بہادر ڈپٹی عبد الحامد کو خط لکھ اپنے پاس بلانے کی سفارش کی۔ ان کے چچا ان دنوں اورئی (یوپی) میں ملازم تھے۔

انھوں نے راشد الخیری کو وہاں بلا لیا اور ان کا داخلہ گورنمنٹ اسکول میں کرادیا۔ لیکن یہاں بھی ان کا دل اسکول میں نہ لگا۔ کچھ دنوں بعد چچا کا تبادلہ اناؤ ہوگیا اور وہ چچا کے ساتھ اناؤ چلے گئے۔ اس طرح ان کا باقاعدہ تعلیمی سلسلہ منقطع ہوگیا۔ اس کے بعد انھوں نے جو صلاحیت اور لیاقت حاصل کی وہ ذاتی مطالعہ کی بنیاد پر کی۔ راشد الخیری کی بہن زاہدہ بیگم کی شادی کے بعد ان کی والدہ کو راشد الخیری کی شادی کی فکر دامن گیر ہوئی۔ ان کی والدہ نے اپنے پڑوسی عبد الرحیم کی بیوہ کی بیٹی فاطمہ خانم سے ان کی شادی طے کردی۔ ۵/ جنوری ۱۸۹۰ء کو حافظ سیّد محمد، امام جامع مسجد نے نکاح پڑھایا۔

راشد الخیری کی چار اولادیں راشدہ بیگم، رازق الخیری، واجدہ بیگم اور صادق الخیری نے لمبی حیات پائی البتہ ایک بیٹا عبد الخالق اٹھارہ سال کی عمر میں بیماری کی وجہ سے انتقال کر گیا۔ راشدہ بیگم سب سے بڑی تھیں اور والد سے قریب بھی۔ ۱۹۱۵ء میں ان کی شادی عبد الغفور سے ہوئی۔ رازق الخیری ان کے بعد تھے۔ بی۔ اے تک تعلیم حاصل کی۔ ۱۹۲۳ء میں ان کی شادی خاتون اکرم سے ہوئی جو نئی نسل کی معروف ادیبہ تھیں۔ لیکن دو سال بعد ہی خاتون اکرم کا انتقال ہوگیا۔ دوسری شادی ۱۹۲۹ء میں آمنہ نازلی سے ہوئی۔

رازق الخیری نے راشد الخیری کی زندگی میں ہی عصمت، بنات اور جوہرِ نسواں کی ادارت کی ذمہ داریاں سنبھال لی تھیں۔ لکھنے پڑھنے کا ذوق ورثے میں ملا تھا۔ تقریباً ۸ کتابوں کے مصنف تھے۔ ہجرت کے بعد عصمت اور بنات کو پاکستان سے باقاعدگی سے شائع کرتے رہے۔ واجدہ بیگم کی تعلیم گھر پر ہی ہوئی اور وہ باسلیقہ

خاتون تھیں۔ ان کی شادی سر دار محمد خاں کے ساتھ ہوئی۔

صادق الخیری سب سے چھوٹے تھے۔ ۱۹۳۷ء میں فلسفہ میں ایم۔ اے کیا۔ افسانے اور تنقیدی مضامین لکھتے تھے۔ ترقی پسند ادیبوں میں ان کا شمار ہوتا تھا۔ تقریباً ۹ کتابوں کے مصنف تھے۔ شادی کے چندماہ بعد راشد الخیری کو ان کے چچا عبد الحامد جو کہ اناؤ میں ڈپٹی کلکٹر تھے کی کوششوں سے محکمہ بندوبست میں کلرک کی ملازمت مل گئی۔ لیکن یہ ملازمت راشد الخیری کے مزاج سے مناسبت نہیں رکھتی تھی اور دفتری کاموں میں ان کی طبیعت نہیں لگتی تھی۔ دوران ملازمت ان کی دو کتابیں "صالحات" اور "منازل السائرہ" شائع ہو کر مقبول ہو چکی تھیں۔ لہٰذا ان کی طبیعت تحریر و تصنیف کی طرف زیادہ مائل رہتی تھی۔ گھریلو وجوہات کی بنا پر بھی دور دراز تبادلے پر بھی انھیں تامل ہوتا تھا۔ اس لیے کہیں جم کر ملازمت نہیں کی۔ ان کی آخری ملازمت دلی کے پوسٹل آڈٹ آفس میں تھی۔

جب انھوں نے رسالہ "عصمت" جاری کیا تو سرکاری ملازم ہونے کی وجہ سے رسالے میں ان کا نام شائع ہونے میں قانونی دشواری پیش آئی لہٰذا ۱۹۱۰ء میں ملازمت سے استعفیٰ دے کر اپنے آپ کو پوری طرح اردو زبان و ادب کے لیے وقف کر دیا۔ وہ اردو کے ان چند خوش قسمت مصنفوں میں تھے جن کی کتابیں کثیر التعداد ہونے کے ساتھ ہی قبول عام کی سند حاصل کر چکی تھیں۔

راشد الخیری کا انتقال ۱۹۳۶ء میں ہوا۔ اردو افسانے کے تعلق سے جو تحقیق اب تک سامنے آئی ہے اُس کے نزدیک راشد الخیری کے افسانہ "نصیر اور خدیجہ" مطبوعہ رسالہ "مخزن"، لاہور، شمارہ ۳، جلد ۶، دسمبر ۱۹۰۳ء کو اولیت حاصل ہے۔

یہی افسانہ راشد الخیری کی کتاب "مسلی ہوئی پتیاں" کی اولین اشاعت ۱۹۳۷ء، مطبوعہ عصمت بک ڈپو، دہلی کے صفحہ ۸۲ تا ۲۳ میں "بڑی بہن کا خط" کے عنوان سے شائع ہوا ہے۔

ڈاکٹر نجیب اختر نے راشد الخیری پر جو مونوگراف دہلی اردو اکادمی کے لیے تحریر کیا ہے اس میں انھوں نے اس تعلق سے اظہار خیال کرتے ہوئے لکھا ہے:

"راشد الخیری کے دو طبع زاد افسانے 'نصیر اور خدیجہ' اور 'بدنصیب کا لال' دسمبر ۱۹۰۳ء سے اگست ۱۹۰۵ء تک شائع ہو چکے تھے۔ یلدرم کے دو افسانے 'دوست کا خط' اور 'غربت وطن' اکتوبر ۱۹۰۶ء میں شائع ہوئے۔ سلطان حیدر جوش کا 'نابینا بیوی' دسمبر ۱۹۰۷ء میں اور پریم چند کا پہلا افسانہ 'عشق دنیا اور حب وطن' اپریل ۱۹۰۸ء میں شائع ہوا۔ یہاں اس بات کی وضاحت مناسب ہوگی کہ پریم چند کے جس افسانے (دنیا کا سب سے انمول رتن) کو اردو کا پہلا افسانہ شمار کیا جاتا رہا وہ ۱۹۰۸ء میں شائع ہوا اور تاریخی اعتبار سے اردو کے طبع زاد افسانوں میں اس کا نمبر گیارہواں ہے۔"

اس طرح یہ واضح ہو جاتا ہے کہ راشد الخیری اردو کے اولین افسانہ نگار ہیں۔ افسانہ نگاری سے پہلے وہ بطور ناول نگار اردو میں اپنی شناخت قائم کر چکے تھے۔ راشد الخیری کے افسانے کے مطالعے سے ہمیں احساس ہوتا ہے کہ یہ ایک نوع کے مقصدی اور اصلاحی لہر کے حامل ہیں۔ ظاہر ہے کہ راشد الخیری کی شخصیت اور کارنامے میں مقصدیت کو اولیت حاصل تھی اور وہ افسانے کے ذریعے بھی اصلاح

معاشرہ کا کام لینا چاہتے تھے۔ لہٰذا ان کے افسانے میں اصلاحی اسلوب حاوی نظر آتا ہے۔ انھوں نے اردو افسانے میں متوسط طبقے کے مسائل، عورتوں کی تعلیم و تربیت اور حقوق نسواں کے لیے آواز بلند کرنے کے رجحان کو جلا بخشی۔

٭٭٭

سجاد حیدر یلدرم

ڈاکٹر قمر صدیقی

سجاد حیدر یلدرم ۱۸۸۰ میں بنارس میں پیدا ہوئے جہاں ان کے والد سیّد جلال الدین حیدر مجسٹریٹ کے عہدے پر فائز تھے۔ یلدرم کا خاندان پڑھا لکھا اور لبرل خاندان تھا۔ آبائی وطن قصبہ نہٹور، ضلع بجنور، اتر پردیش تھا۔ ۱۸۵۷ء کی جنگِ آزادی میں یلدرم کے دادا امیر احمد علی نے بھی انگریزوں کے خلاف جنگ میں حصہ لیا تھا۔ لہٰذا اس کی پاداش میں جاگیریں ضبط ہوئیں اور خاندان کی نئی نسل کو انگریزی پڑھنی اور سرکاری ملازمتیں کرنی پڑیں۔ ان کے اہل خاندان سرکاری ملازمتوں میں اچھے عہدوں پر فائز رہے۔ یلدرم اور ان کے بھائیوں نے ابتدائی تعلیم بنارس ہی میں حاصل کی۔ بعد میں اعلیٰ تعلیم کے لیے اے۔ ایم۔ او کالج، علی گڑھ میں داخل کیے گئے۔ ۱۹۰۱ میں یلدرم نے بی۔ اے کیا اور پورے صوبے میں سیکنڈ آئے۔

یلدرم نے علی گڑھ میں بڑی بھرپور زندگی گزاری۔ یونین کے سکریٹری اور صدر بھی رہے۔ مولانا محمد علی اور مولانا حسرت موہانی ان کے کلاس فیلو تھے۔ علی گڑھ کالج کے زمانے میں انھوں نے حسرت موہانی پر ایک نظم "مرزا پھویا" لکھی تھی۔ اس زمانے میں علی گڑھ کی علمی رفعت قابل رشک تھی۔ ایک سے بڑھ کر

ایک نابغہ روزگار اساتذہ علی گڑھ کالج سے منسلک تھے۔ قرۃ العین حیدر نے اس تعلق سے لکھا ہے:

"علی گڑھ ان دنوں گویا آکسفورڈ کا ماڈل بنا ہوا تھا۔ تھیوڈر بک پرنسپل تھے۔ آرنلڈ اور نکلسن انگریزی کے استاد تھے۔ پروفیسر چکرورتی اور ڈاکٹر ضیا الدین ریاضی پڑھاتے تھے۔ مولوی عباس حسین عربی کے استاد تھے اور مولانا شبلی فارسی پڑھایا کرتے تھے۔ یلدرم فارسی میں بہت اچھے تھے لہٰذا شبلیؔ کے پسندیدہ شاگردوں میں تھے۔"("خیالستان"" مرتب:ڈاکٹر سیّد معین الرحمن۔ ص:۱۵۲)

زمانۂ طالب علمی سے ہی یلدرم کو ترکی سے ذہنی لگاؤ تھا۔ حاجی اسمٰعیل خان رئیس دتاولی جنھیں اردو اور ترکی زبان کا اچھا ذوق تھا۔ ان کی صحبت میں یلدرم نے ترکی زبان میں مہارت بہم پہنچائی۔ بی۔ اے کے بعد ایل۔ ایل۔ بی کر رہے تھے کہ اس درمیان برطانوی فارن آفس نے علی گڑھ کے پرنسپل کو بغداد کے قونصل خانے کے لیے ترکی زبان کا ترجمان مہیا کرانے کے لیے لکھا۔ کسی پروفیسر نے یلدرم سے اس کا ذکر کیا۔ انھوں نے درخواست دی اور تقرر ہو گیا۔ بغداد میں یلدرم کا قیام کئی سال رہا۔ بالآخر ان کا جی بھر گیا اور وہ چھٹی لے کر ہندوستان آ گئے۔

ہندوستان واپس آجانے کے بعد پھر بغداد جانے کی خواہش نہ ہوئی۔ لہٰذا حکومت نے ان کا تقرر اس زمانے میں کابل کے معزول شدہ امیر یعقوب علی خان کے پولیٹیکل افسر کے طور پر کر دیا۔ امیر یعقوب کا قیام اُن دنوں مسوری میں تھا۔ امیر کابل کے انتقال کے بعد یلدرم کی خدمات یو۔پی سول سروس میں منتقل کر دی گئیں۔ ۱۹۲۰ میں ایم۔اے۔او، کالج (علی گڑھ) کو یونیورسٹی کا درجہ ملا۔ اس وقت

مسلم یونیورسٹی کے پہلے رجسٹرار کی حیثیت سے اُن کی خدمات حاصل کی گئیں۔۱۹۲۹ میں وہ دوبارہ یو۔پی سول سروس میں واپس آ گئے۔ دوران ملازمت انڈومان و نکوبار جزائر میں تبادلہ ہوا اور غازی پور اور اٹاوے میں بھی تعینات ہوئے۔۱۹۳۵ میں خرابیِ صحت کی وجہ سے وقت سے پہلے ریٹائرمنٹ لے لیا۔

جیسا کہ اوپر مذکور ہوا ہے کہ یلدرم کو ترکی زبان و ادب سے علی گڑھ کالج کے زمانے سے ہی دلچسپی تھی۔ بغداد کے زمانہ قیام میں ان کی اس دلچسپی کو اور جلا ملی۔۱۹۰۲ میں انھوں نے احمد حکمت کے ایک ناول "ثالث بالخیر" کا ترجمہ کیا۔اس وقت یلدرم کا نوجوانی کا زمانہ تھا۔اسی زمانے میں انھوں نے "مخزن" میں لکھنا شروع کیا۔یلدرم کے افسانوی رجحان میں جس طرح کی رومانیت کا غلبہ تھا وہ بڑی حد تک مغربی اور ترکی رومانیت تھی۔ یلدرم سے پہلے اردو فکشن میں عورت کا کردار بہت نمایاں اور روشن نہیں تھا۔انھوں نے اپنے افسانوں کے ذریعے ایک ایسے رجحان کو متعارف کرانے کی کوشش کی جس میں رتن ناتھ سرشار کی سپہر آرا محض چلمن سے جھانکتی نظر نہ آئے بلکہ وہ مردوں کے دوش بدوش ان کے ہمراہ چل سکے۔

انھوں نے اپنے افسانوں کے نسوانی کرداروں کو لکھنؤ اور دلی کی حویلیوں کی چار دیواری سے نکال کر بمبئی کے ساحل پر کھلی ہوا میں سانس لینے کی ادا سکھائی۔ بغداد کے بعد یلدرم کا تبادلہ قسطنطنیہ کے برطانوی سفارت خانے میں ہوا۔ یہاں وہ ترکی ادب میں پیدا ہونے والی نئی تحریکوں سے متعارف ہوئے اور ینگ ترک پارٹی کے ساتھ منسلک ہو کر انقلاب میں عملی حصہ بھی لیا۔ اس ضمن میں قرۃ العین حیدر نے تحریر کیا ہے: "یلدرم کی یہ انقلاب پرستی رومانیت کے جذبے کی وجہ سے پیدا نہیں

ہوئی تھی۔ انھوں نے بہت بڑا خطرہ مول لے کر ینگ ترک پارٹی کے ساتھ کام کیا۔ پھر لطف یہ کہ بعد میں ساری عمر کبھی بھولے سے اس کا ذکر نہ کیا۔

میرے خیال میں اُن کی جگہ کوئی اور ہوتا تو سنسنی خیز شہرت حاصل کرنے کے لیے بعد میں ہمیشہ کے واسطے لیڈر قوم اور غازی وغیرہ بن جاتا۔" ("خیالستان"" مرتب: ڈاکٹر سیّد معین الرحمن۔ ص: ۹۵۲)

یلدرم کی شادی ۱۹۱۲ء میں نذرِ زہرا بیگم (نذرِ سجاد) سے ہوئی۔ نذرِ زہرا بیگم اپنے زمانے کی معروف قلمکار تھیں۔ ۱۹۰۸ء میں بچوں کے مشہور اخبار "پھول" کی ایڈیٹر رہیں۔ یہ رسالہ شمس العلما ممتاز علی کے "دار الاشاعت پنجاب" لاہور سے شائع ہوتا تھا۔ ان کا مشہور ناول "اختر النسا بیگم "۱۹۱۰ میں شائع ہو چکا تھا جب ان کی عمر صرف سولہ سال تھی۔ شادی سے قبل ہی ان کی تحریریں 'نیرنگِ خیال'، 'زمانہ'، 'تمدن'، 'ادیب'، 'انقلاب' اور 'الناظر' جیسے رسائل میں شائع ہوتی تھیں۔ ۱۹۳۵ میں یلدرم حج بیت اللہ کی سعادت سے سرفراز ہوئے۔ ۱۹۳۸ میں بیمار ہوئے۔ ان کی آنکھ کے عین اوپر کاربنکل نکلا تھا۔ ان کے چھوٹے بھائی نے آپریشن کیا جو اپنے زمانے میں مشہور ڈاکٹر تھے۔

آپریشن کامیاب رہا لیکن صحت کمزور ہوتی جارہی تھی۔ کمزوری اور نقاہت کے باوجود ہر مصروفیت کو خندہ پیشانی سے قبول کرتے تھے۔ بالآخر ۶/ اپریل ۱۹۴۳ء کو رات دو بجے حرکتِ قلب بند ہو جانے سے انتقال ہوا۔ انتقال سے قبل تک وہ علمی و ادبی سرگرمیوں میں مصروف رہے۔ لکھنؤ کے عیش باغ کے قبرستان میں سپردِ خاک کیے گئے۔

سجاد حیدر یلدرم نے اپنی تحریروں کے ذریعے جس نوع کے رجحان کو فروغ دینے کی کوشش کی اس میں عورتوں کی تعلیم اور مساوات کو اولیت حاصل ہے۔ اس تعلق سے انھوں نے نہ صرف قلمی بلکہ عملی سطح پر بھی اقدامات کیے۔ خود اپنے خاندان کی بے شمار لڑکیوں کی خاطر یونیورسٹیوں کی اعلیٰ ترین ڈگریوں کے حصول کے لیے اس زمانے میں کوشاں رہے جب مسلمان لڑکیوں کو اسکول بھیجنا بھی معیوب سمجھا جاتا تھا۔

افسانہ نگاری کے حوالے سے یلدرم اردو زبان میں ایک نئے اور دلنواز اسلوبِ بیان کے موجد تھے۔ ان کا شمار اردو کے اولین افسانہ نگاروں میں ہوتا ہے۔ "خیالستان" یلدرم کی رومانیت اور تخیل کا بہترین عکس ہے۔ خیالستان میں انشایئے، تراجم اور مختصر افسانے شامل ہیں۔ گویا صنف نثر کی تین اصناف کے مجموعہ کا نام "خیالستان" ہے۔ ان شہ پاروں میں کچھ ترکی ادب سے اخذ و ترجمہ ہیں اور بعض طبع زاد ہیں۔ ان میں سجاد حیدر یلدرم کا رومانی انداز فکر و بیان جادو جگا رہا ہے۔

یلدرم علی گڑھ یونیورسٹی کے فارغ التحصیل اور تہذیب یافتہ تھے۔ ان کی ادبی زندگی علی گڑھ سے پیدا ہوئی۔ انہیں سرسید اور علی گڑھ سے بے حد عقیدت اور غایت درجہ انس تھا۔ مگر اس کے باوجود یلدرم نے اپنی افسانوی تحریروں میں اس تحریک کی خشک حقیقت پسندی اور بے نمکی کے خلاف ردعمل کا اظہار کیا۔ اس مقصد کے لیے یلدرم کے سامنے سب سے اہم مسئلہ یہ تھا کہ وہ اپنے افسانے کے لیے کوئی ایسا موضوع تلاش کریں جو دلچسپ بھی ہو اور زندگی کے ساتھ اس کا گہرا رابطہ بھی ہو۔ محض خیال اور خواب کی دنیا نہ ہو بلکہ اس میں اپنے عہد کی جھلک

نظر آئے۔ اس مقصد کے پیش نظر یلدرم نے بطور خاص محبت اور عورت کو اپنے افسانوں کا موضوع بنایا۔ چونکہ عورت، مرد کی بہترین رفیق ہے اس لیے یلدرم کے نزدیک اس کے ساتھ وہی سلوک ہونا چاہیے جو بہترین رفیق کے لیے موزوں اور مناسب ہے۔ یلدرم اس بات کے بھی قائل تھے کہ عورت کے بغیر مرد کی زندگی ادھوری اور نامکمل ہے۔ عورت یلدرم کے ہاں عیاشی اور گناہ کا مظہر نہیں، لطافت اور زندگی کی صحت مند تصور کی علامت ہے۔

۱۔ یہ بیان قرۃ العین حیدر کا ہے۔ مشمولہ "خیالستان" ص: ۸۴۲۔ مرتب: ڈاکٹر سیّد معین الرحمن۔ قرۃ العین حیدر کے اس بیان پر مرتب نے فٹ نوٹ لگا کر مشتاق احمد زاہدی کا بیان نقل کیا ہے کہ یلدرم تمام الہ آباد یونیورسٹی میں چوتھے نمبر تھے۔ اس زمانے میں علی گڑھ کالج الہ آباد یونیورسٹی سے منسلک تھا۔

***

پریم چند

ڈاکٹر قمر صدیقی

پریم چند کا خاندانی نام دھنپت رائے تھا۔ ۳۱/ جولائی ۱۸۸۰ کو اتر پردیش کے مردم خیز شہر بنارس سے چار پانچ میل دور ایک چھوٹے سے گاؤں لمہی میں پیدا ہوئے۔ احباب خانہ انھیں پیار سے نواب رائے کے نام سے پکارتے تھے۔ بعد ازاں انھوں نے اسی نام سے کچھ تحریریں بھی قلمبند کیں۔ منشی پریم چند کے والد منشی عجائب لال ڈاکخانے میں ملازم تھے۔

پریم چند کی ابتدائی تعلیم گاؤں میں ہوئی۔ اردو اور فارسی پڑھنے کے بعد انٹرنس کا امتحان پاس کرکے پرائمری اسکول میں ٹیچر ہوگئے۔ چونکہ پریم چند کو تعلیم کا شوق تھا لہٰذا تعلیم کا سلسلہ منقطع نہ ہونے دیا اور ترقی کرتے کرتے بی۔ اے کی ڈگری حاصل کی۔ پریم چند کو لکھنے پڑھنے کا شوق بچپن ہی سے تھا۔ ۱۹۰۲ میں ٹریننگ کے لیے الہ آباد کے ایک کالج میں داخل ہوئے تو ان کی طبیعت ناول نگاری کی طرف ملتفت ہوئی۔ یہیں انھوں نے اپنا پہلا ناول "اسرارِ معبد" کے نام سے لکھنا شروع کیا جس کی کچھ قسطیں بنارس کے ایک رسالے میں شائع ہوئیں۔ اسی زمانے میں پریم چند نے رسالہ "زمانہ" کانپور کے لیے پابندی سے افسانے اور مضامین بھی

لکھنے شروع کیے۔ ۱۹۰۸ میں ان کے افسانوں کا پہلا مجموعہ "سوزِ وطن" کے نام سے شائع ہوا۔ چونکہ اس مجموعہ میں شامل مشمولات حب وطن اور آزادی کے جذبات سے مملو تھے۔ لہٰذا انگریز حکومت سے اسے ضبط کر کے نذرِ آتش کر دیا۔ "سوزِ وطن" تک کی بیشتر تحریریں پریم چند نے نواب رائے قلمی نام سے تحریر کی تھیں۔

انگریزوں کے معاندانہ رویہ کے پیش نظر منشی دیا نرائن نگم کے مشورے پر انھوں نے پریم چند کے قلمی نام سے لکھنا شروع کیا اور اسی نام سے مقبول ہوئے۔ یہ بھی عجیب اتفاق ہے کہ اردو افسانے کو ابتدائی دور میں ہی کچھ ایسے افسانہ نگار مل گئے جو ایک دوسرے سے قطعی مختلف مزاج رکھتے تھے۔ پریم چند ایک رجحان کی ترویج کر رہے تھے، راشد الخیری دوسرے اور سجاد حیدر تیسرے نظریے و رجحان کے علمبردار تھے۔ لیکن پریم چند کی مقصدیت راشد الخیری کی اصلاح پسندی اور یلدرم کی رومانیت پر بازی لے گئی۔ مقصدیت اور اصلاح کے پہلو نے پریم چند کے فن کو اتنا غیر معمولی بنا دیا کہ وہ اردو افسانے کے سچے بنیاد گزار تسلیم کیے گئے۔ راشد الخیری اور سجاد حیدر یلدرم کے رجحانات کی نیاز فتح پوری، مجنوں گوکھپوری، مہدی الافادی اور قاضی عبد الغفار کے بعد کوئی خاص تقلید نہ ہوئی۔ جبکہ پریم چند کی مقصدیت کا سدرشن، علی عباس حسینی، اعظم کریوی وغیرہ نے تتبع کیا اور ان بعد کے افسانہ نگاروں نے اس روایت کو مزید آگے بڑھانے میں معاونت کی۔ اسی لیے سمجھا جانے لگا کہ پریم چند اردو افسانے کے موجد ہیں۔

لیکن یہ خیال درست نہیں ہے۔ مختصر افسانے کی ابتدا کا سہرا تو راشد الخیری اور سجاد حیدر یلدرم کے سر ہی بندھے گا۔ البتہ فنی اعتبار سے پریم چند راشد الخیری پر

سبقت لے گئے ہیں۔ پریم چند کی افسانہ نگاری پر غور کیا جائے تو بتدریج ارتقا نظر آتا ہے۔ ان کے پہلے افسانوی مجموعے "سوز وطن" سے لے کر آخری دور کے مجموعوں "واردات" اور "زادراہ" کے افسانوں میں واضح فرق ہے۔ لہٰذا ان کی فسانہ نگاری کے مختلف رویوں اور رجحان کے مطالعہ کے لیے اسے تین ادوار میں تقسیم کیا جاتا ہے۔

پہلا دور ۱۹۰۹ سے لے کر ۱۹۲۰ کے عرصہ پر محیط ہے۔ دوسرا دور ۱۹۲۰ سے ۱۹۳۲ تک اور تیسرا دور جو نسبتاً مختصر دور ہے یعنی ۱۹۳۲ء سے ۱۹۳۶ تک ان کی زندگی کے آخری چار سال کا احاطہ کرتا ہے۔ پہلے دور کے ابتدائی برسوں میں داستانوی اور رومانی رنگ غالب ہے۔ جذبہ حب الوطنی سے سرشار پریم چند کا پہلا افسانوی مجموعہ "سوز وطن" زمانہ پریس کانپور سے شائع ہوا تھا۔ جسے انگریز سرکار کے عتاب کا شکار ہونا پڑا۔ اس کے بعد وہ تاریخ نگاری اور اصلاحِ معاشرہ کی جانب متوجہ ہوئے۔ اس وقت تک پریم چند کے افسانوں میں فنی اور تکنیکی پختگی نہیں آئی تھی اور ان کی تحریروں میں داستانوی اسلوب غالب نظر آتا ہے۔ ۱۹۰۹ سے ۱۹۲۰ تک پریم چند "مہوبا" کے مقام پر ڈپٹی انسپکٹر آف اسکولز تھے۔ جہاں کے کھنڈرات نے شاید انہیں ہندوؤں کی عظمتِ رفتہ کی یاد دلائی۔ غالباً اسی لیے انھوں نے سوچا ہوگا کہ حالیؔ کی طرح انہیں اپنے افسانوں کے ذریعہ ہندو قوم کی ماضی کی شان و شوکت اجاگر کرنا چاہیے۔

چنانچہ "رانی سارندھا" ۱۹۱۱ میں اور ۱۹۱۲ میں "راجہ ہردول" اور "آلھا" جیسے افسانے اسی جذبے کے تحت لکھے گئے۔ ان تاریخی اور نیم تاریخی افسانوں کے بعد

اپنے دوسرے دور میں پریم چند نے قومی اور معاشرتی اصلاح کی طرف توجہ دی۔ انھوں نے ہندو معاشرے کی قبیح رسوم پر قلم اٹھایا اور بیوہ عورت کے مسائل، بے جوڑ شادی، جہیز کی لعنت اور چھوت چھات جیسے موضوعات پر افسانے لکھے۔ افسانہ نگاری کے دوسرے دور میں پریم چند سیاست سے بھی متاثر نظر آتے ہیں۔ یہ دور برصغیر میں تحریکوں کا دور تھا۔ تحریکِ خلافت، تحریک عدم تعاون، ستیہ گرہ، سول نافرمانی وغیرہ۔ برصغیر کے تمام باشندے ملک کی آزادی کے لیے پرجوش تھے۔

پریم چند نے سیاسی حالات کا جائزہ لیتے ہوئے قلم کے ذریعہ اس مہم میں شرکت کا ارادہ کیا اور سرکاری ملازمت سے استعفیٰ دے دیا۔ وہ اگرچہ کوئی سیاسی آدمی نہیں تھے اور نہ ہی انہوں نے باقاعدہ طور پر سیاست میں حصہ لیا۔ لیکن شاید وہ سماجی موضوعات کے ساتھ ساتھ سیاسی موضوعات پر بھی کھل کر اظہارِ خیال کرنا چاہتے تھے۔ اس لیے انہوں نے سرکاری ملازمت کا جوا گلے سے اتار پھینکا۔ اس دور کے افسانوں میں سیاست کا رنگ قدرے واضح طور پر جھلکتا ہے۔

افسانہ نگاری کے دوسرے دور میں پریم چند نے دیہی زندگی کی طرف بھی توجہ دی اور انھوں نے دیہاتی زندگی کے مسائل کو اپنے بیشتر افسانوں کا موضوع بنایا۔ "پوس کی رات"، "سوا سیر گیہوں" اور دیگر افسانے کسانوں کی غربت و افلاس کی عکاسی کرتے ہیں۔ پریم چند کے افسانوں کا آخری دور مختصر عرصے پر محیط ہے لیکن یہی دور ان کے نظریات کی پختگی اور ترویج کا دور بھی ہے۔ اس دور کے افسانوں کے موضوعات بھی سیاسی زندگی سے متعلق ہیں۔ لیکن فن اور معیار کے اعتبار سے پچھلے دونوں ادوار کے مقابلے میں بہت بلند ہیں۔

"سوز وطن" کے افسانوں کے بعد پریم چند کے قلم سے حج اکبر، بوڑھی کاکی، دو بیل، نئی بیوی اور زادِ راہ جیسے افسانے تخلیق ہوئے اور پھر ان کا فن بتدریج ارتقائی منازل طے کرتا رہا۔ یہاں تک کہ "کفن" جیسا افسانہ لکھ کر انہوں نے دنیائے ادب میں اپنی فنی صلاحیتوں کالوہا منوالیا۔

آخری دور کے افسانوں میں پریم چند ایک عظیم افسانہ نگار دکھائی دیتے ہیں۔ اس دور کے افسانے مقامی ہونے کے باوجود آفاقی کہلانے کے مستحق قرار دیئے جا سکتے ہیں۔ کیونکہ اب ان کے افسانوں میں وہ تمام خوبیاں پیدا ہوگئی تھیں جو اچھے اور معیاری افسانوں کا خاصہ سمجھی جاتی ہیں۔

***

کرشن چندر

ڈاکٹر قمر صدیقی

کرشن چندر اردو کے مشہور و معروف افسانہ نگار ہیں۔ ان کی پیدائش ۲۳/ نومبر ۱۹۱۴ کو وزیر آباد، ضلع گجرانوالہ، پنجاب (پاکستان) میں ہوئی تھی۔ ان کے والد گوری شنکر چوپڑا میڈیکل افسر تھے۔ انھوں نے کرشن چندر کی تعلیم کا خاص خیال رکھا۔ کرشن چندر نے چونکہ تعلیم کا آغاز اردو اور فارسی سے کیا تھا اس لئے اردو زبان و ادب پر ان کی گرفت کافی تھی۔ ابتدائی تعلیم پونچھ (جموں کشمیر) میں ہوئی۔ ۱۹۳۰ کے بعد اعلیٰ تعلیم کے لیے لاہور آگئے اور فورمین کرسچن کالج میں داخلہ لیا۔ ۱۹۳۴ میں پنجاب یونیورسٹی سے انگریزی میں ایم۔اے کیا۔

کرشن چندر کی ادبی زندگی صحیح معنوں میں "ادبی دنیا" لاہور سے شروع ہوئی۔ جہاں صلاح الدین احمد نے ان کی بہت حوصلہ افزائی کی۔ اسی زمانے میں کرشن چندر کو آل انڈیا ریڈیو، لاہور میں ملازمت مل گئی اور سال بھر میں دہلی اور پھر لکھنؤ تبادلہ ہوگیا۔ لکھنؤ اس زمانے میں ترقی پسند تحریک کا مرکز تھا۔ لکھنؤ کے قیام کے دوران ہی انھیں شالیمار پکچرز کی طرف سے مکالمے لکھنے کی دعوت ملی اور وہ ریڈیو کی ملازمت سے استعفیٰ دے کر پونہ چلے گئے۔ بعد میں مستقل طور پر ممبئی میں سکونے

اختیار کرلی اور یہیں کے ہو کر رہ گئے۔

کرشن چندر نے پنجاب اور کشمیر کی رومان پرور آب و ہوا میں ہوش سنبھالا اس لیے ابتدائی دور کے اکثر افسانوں اور ناولوں میں سماجی حقیقت نگاری اور طبقاتی شعور کا عنصر کم کم نظر آتا ہے اور رومانیت کا عنصر زیادہ دیکھنے کو ملتا ہے۔ لیکن دھیرے دھیرے جب ان کے ذہن نے پختگی اختیار کی اور سماجی معاملات سے ان کا سابقہ پڑا تو لہجے میں تبدیلی آئی اور اس میں حقیقت پسندی کے ساتھ ساتھ طنز کا عنصر بھی شامل ہوتا چلا گیا۔

کرشن چندر نے اپنے افسانوں میں اس دور کے معاشی، سیاسی اور سماجی صورت حال کی خامیوں، مثلاً بیجا رسم و روایات، مذہبی تعصبات، آمرانہ نظام اور تیزی سے اُبھرتے ہوئے دولت مند طبقے کے منفی اثرات وغیرہ جیسے موضوعات کو شامل کیا۔ حقیقت تو یہ ہے کہ آخر میں تحریر کئے گئے ان کے زیادہ تر افسانوں میں زندگی کے اعلیٰ معیار اور اس کے اقدار پر بحث کی گئی ہے۔ غالباً یہی وجہ ہے کہ انھیں پڑھنے اور پسند کرنے والوں کی تعداد بہت زیادہ ہے۔ ان کی کئی تصنیفات، مثلاً 'کالو بھنگی'، 'مہا لکشمی کا پل' اور 'ایک گدھے کی سر گزشت' وغیرہ قارئین کے ذہن پر تادیر اپنا تاثر قائم رکھتے ہیں۔ کرشن چندر اپنے ہمعصر افسانہ نگاروں سے کسی حد تک مختلف تھے۔ کرشن چندر کو زبان پر جو عبور حاصل تھا اور ان کی خوبصورت اور آرائشی زبان قاری کو آغاز میں ہی اپنی گرفت میں لے لیتی ہے اور افسانہ کے آخر تک اس سے باہر نکلنے کا موقع نہیں دیتی۔ کرشن چندر کی خوبیوں کا اعتراف کرتے ہوئے معروف نقاد گوپی چند نارنگ لکھتے ہیں کہ:

"کرشن چندر اردو افسانے کی روایت کا ایک ایسا لائق احترام نام ہے جو ذہنوں میں برابر سوال اٹھاتا رہے گا۔ ان کے معاصرین میں سعادت حسن منٹو اور راجندر سنگھ بیدی بے حد اہم نام ہیں۔ یہ حقیقت ہے کہ کرشن چندر ۰۶۔۱۹۵۵ء تک اپنا بہترین ادب تخلیق کر چکے تھے۔ ان کا نام پریم چند کے بعد تین بڑے افسانہ نگاروں میں آئے گا"(افسانہ بیسوی صدی میں۔ از: مہدی جعفر۔ ص: ۱۳۹۔ معیار پبلی کیشنز، دہلی۔ ۲۰۰۳ء)

کرشن چندر کے افسانوں کو مد نظر رکھتے ہوئے بلا مبالغہ اس بات کا اعتراف کیا جا سکتا ہے کہ وہ نہ صرف محبت کے جذبہ اور احساس کو پورے انہماک اور حساسیت کے ساتھ اپنی کہانیوں میں پیش کرتے تھے بلکہ سماجی برائیوں کو بھی انتہائی کامیابی کے ساتھ قارئین کے سامنے رکھتے تھے۔ وہ ترقی پسند تحریک سے وابستہ تھے اور اسی لئے عام انسان کے حقوق کی بات کرتے تھے۔ ان کے دل میں امیروں کے تئیں بغاوت اور بدلے کا جذبہ تھا۔

'زندگی کے موڑ پر' اور 'بالکونی' جیسے رومانی افسانے نہ صرف جذباتی ہیں بلکہ قاری کو سوچنے پر بھی مجبور کرتے ہیں۔ جہاں ایک طرف 'زندگی کے موڑ پر' افسانہ پنجاب کی قصباتی زندگی کی انتہائی رومانی شبیہ پیش کرتا ہے، وہیں 'بالکونی' کشمیر کی خوبصورتی اور آب و ہوا کا عکاس ہے۔ کرشن چندر کے یہ رومانی افسانے دوسرے افسانہ نگاروں کے ذریعہ لکھے گئے افسانوں سے قدرے مختلف ہیں کیونکہ وہ ان افسانوں میں بھی روز مرہ کے عمل کے اندر سماجی عنصر کی تلاش کر لیتے ہیں۔ گویا کہ کرشن چندر کے رومانی افسانوں کی دنیا اردو افسانے کی روایتی رومانی دنیا نہیں ہے۔

اس ضمن میں محمد حسن عسکری نے تحریر کیا ہے کہ:

"اب رہی وہ رومانیت جسے عام طور پر کرشن چندر سے منسوب کیا جاتا ہے اور اس کے وہ افسانے جنہیں رومانی کہا جاتا ہے۔ تھوڑی دیر کے لئے اگر یہ مان بھی لیا جائے کہ یہ افسانے رومانی ہیں، تب بھی کرشن چندر کی رومانیت دوسروں سے کافی مختلف ہے۔ وہ رومان کی تلاش میں ہجرت کر کے مالدیپ نہیں جاتا بلکہ یہ کوشش کرتا ہے کہ روز مرہ کی زندگی میں رومان کے امکانات ہیں یا نہیں۔ در حقیقت یہ افسانے رومانی نہیں ہیں بلکہ رومان کے چہرے سے نقاب اٹھاتے ہیں"۔

(افسانہ بیسوی صدی میں۔ از: مہدی جعفر۔ ص:۱۴۱۔ معیار پبلی کیشنز، دہلی۔ ۲۰۰۳ء)

کرشن چندر نے ہندوستان کی تقسیم کے موقع پر ہونے والے فرقہ وارانہ فسادات کو بنیاد بنا کر بھی کئی افسانے لکھے جن میں 'اندھے'، 'لال باغ'، 'جیکسن'، 'امرتسر' اور 'پیشاور ایکسپریس' وغیرہ قابل ذکر ہیں۔ ان افسانوں میں کرشن چندر نے اس وقت کی سیاست کے عوام مخالف کرداروں پر بلا جھجک اپنے خیالات کا اظہار کرتے ہوئے سیاسی برائیوں سے پیدا شدہ ماحول پر ضرب لگاتے ہوئے انسانی رشتوں اور جذبات کو اہمیت دی ہے۔ وہ ان افسانوں میں فرقہ واریت کی اصل ذہنیت اور صورت حال کا باریک بینی سے جائزہ لیتے ہیں اور فرقہ وارانہ ہم آہنگی کو فروغ دینے کے لئے انسانیت پر مبنی سماجی نظام کی تعمیر پر زور دیتے ہیں۔

کرشن چندر کے شاہکار افسانوں میں 'کالو بھنگی' کافی اہمیت رکھتا ہے۔ اس کہانی میں انہوں نے چھوٹی ذات سے تعلق رکھنے والے کالو بھنگی کے ذریعہ پسماندہ طبقات

کی پریشان حال زندگی اور ان کے مسائل سے روشناس کرانے کی کامیاب کوشش کی ہے۔ اس کہانی میں صرف کالو بھنگی کی پریشانیوں اور جدوجہد کو ہی پیش نہیں کیا گیا ہے بلکہ پورے سماج کی پست ذہنیت کو بھی ظاہر کیا گیا ہے۔

کرشن چندر کی تقریباً ۸۰ کتابیں شائع ہوئیں۔ حالانکہ انھوں نے ناول، افسانے، ڈرامے، رپورتاژ، مضامین گویا کہ نثر کی کماحقہ اصناف میں طبع آزمائی کی تاہم ان کی بنیادی شناخت ایک افسانہ نگار کی ہے۔ ان کے ناولوں میں شکست، جب کھیت جاگے، اور آسمان روشن ہے قابلِ ذکر ہیں لیکن کوئی ناول زیادہ کامیاب نہ ہوا۔ کرشن چندر دراصل بسیار نویس اور زود نویس تھے اور اسی چیز نے ان کے فن کو نقصان پہنچایا۔ ان کی مقبولیت رومانیت اور سبک و رواں نثر کی وجہ سے تھی جس میں گویا ایک طرح کی جادو اثری تھی۔ ان کے بہترین افسانے ان کی رومان پسندی، حسن کاری، فطرت پرستی، انسان دوستی اور بہتر سماج کی آرزومندی کے سبب زندہ رہیں گے۔

کرشن چندر نے کئی فلموں کی کہانیاں، منظرنامے اور مکالمے تحریر کئے۔ 'دھرتی کے لال'، 'دل کی آواز'، 'دو چور'، 'دو پھول'، 'من چلی'، 'شرافت' وغیرہ ایسی فلمیں ہیں جنہوں نے کرشن چندر کی صلاحیتوں کو فلم ناظرین کے سامنے پیش کیا۔ کرشن چندر کا انتقال ۸/مارچ ۱۹۷۷ کو ممبئی میں ہوا۔

***

راجندر سنگھ بیدی

ڈاکٹر قمر صدیقی

اردو کے معروف فکشن نگار راجندر سنگھ بیدی غیر منقسم پنجاب کے ضلع سیالکوٹ کی تحصیل ڈسکا میں 1915 میں پیدا ہوئے۔ زندگی کے ابتدائی ایام لاہور میں گزرے۔ اس زمانے کی روایت کے مطابق انھوں نے اپنی ابتدائی تعلیم اردو میں حاصل کی۔ ۱۹۳۱ میں میٹرک کا امتحان پاس کرنے کے بعد ڈی۔اے۔وی کالج لاہور سے انٹر میڈیٹ کیا۔ گھر کے معاشی حالات بہت اچھے نہ تھے اس وجہ سے وہ اپنی تعلیم جاری نہ رکھ سکے اور ان کا گریجویشن کرنے کا خواب شرمندۂ تعبیر نہ ہو سکا۔ ۱۹۳۲ سے طالب علمی کے زمانے میں ہی انگریزی، اردو اور پنجابی میں نظمیں اور کہانیاں لکھنے لگے تھے۔

راجندر سنگھ بیدی کے معاشی حالات چونکہ اچھے نہ تھے۔ لہٰذا محض ۱۸ سال کی عمر میں انھوں نے لاہور پوسٹ آفس میں ۱۹۳۳ میں بطور کلرک ملازمت اختیار کرلی۔ یہ ملازمت ان کی تخلیقی صلاحیتوں کو راس نہیں آرہی تھی اور وہ بہتر ملازمت کی تلاش میں تھے۔ ۱۹۴۱ میں انھیں آل انڈیا ریڈیو، لاہور کے اردو سیکشن میں ملازمت مل گئی۔ آل انڈیا ریڈیو کے ادبی ماحول میں ان کی صلاحیتیں دھیرے

دھیرے نکھرنے لگیں۔ اس دوران انھوں نے ریڈیو کے لیے متعدد ڈرامے تحریر کیے۔ ان ڈراموں میں "خواجہ سرا" اور "نقل مکانی" بہت مشہور ہوئے۔ بعد ازاں ان دونوں ڈراموں کو ملا کر انھوں نے ۱۹۷۰ میں فلم "دستک" بنائی۔

۱۹۴۳ میں راجندر سنگھ بیدی لاہور کے مہیشوری فلم سے وابستہ ہو گئے۔ اس ملازمت میں ڈیڑھ سال رہنے کے بعد وہ آل انڈیا ریڈیو واپس آگئے۔ ریڈیو واپسی پر انھیں جموں میں تعینات کیا گیا جہاں وہ ۱۹۴۷ تک رہے۔ ۱۹۴۷ میں ملک کی تقسیم ہوئی اور بیدی کا خاندان ہندوستان کی ریاست پنجاب کے فاضلکہ میں آباد ہو گیا۔ البتہ بیدی پاکستان سے نقل مکانی کر کے ممبئی آگئے اور فلم انڈسٹری سے وابستہ ہوئے۔ ڈی ڈی کیشپ کی نگرانی میں بننے والی فلم "بڑی بہن" بطور مکالمہ نگار ہندوستان میں بیدی کی پہلی فلم تھی۔ یہ فلم ۱۹۴۹ میں ریلیز ہوئی۔ ان کی دوسری فلم "داغ" تھی جسے بے پناہ مقبولیت حاصل ہوئی اور فلم انڈسٹری میں بیدی کی شناخت قائم ہو گئی۔ "داغ" ۱۹۵۲ میں ریلیز ہوئی تھی۔

۱۹۵۴ میں بیدی نے امر کمار، بلراج ساہنی اور گیتا بالی کے ساتھ مل کر "سِنے کو آپریٹیو" نامی فلم کمپنی کی بنیاد رکھی۔ اس کمپنی نے پہلی فلم "گرم کوٹ" بنائی جو بیدی کے ہی مشہور افسانہ "گرم کوٹ" پر مبنی تھی۔ اس فلم میں بلراج ساہنی اور نروپا رائے نے مرکزی کردار ادا کیا تھا جبکہ امر کمار نے ہدایت کاری کی خدمات انجام دی تھیں۔ اس فلم کے ذریعے راجندر سنگھ بیدی کو پہلی بار اسکرین پلے تحریر کرنے کا موقع ملا۔ سِنے کو آپریٹیو نے دوسری فلم "رنگولی" بنائی جس میں کشور کمار، وجنتی مالا اور درگا کھوٹے نے مرکزی کردار ادا کیے اور امر کمار نے ڈائریکشن دیا۔

اس فلم میں بھی اسکرین پلے راجندر سنگھ بیدی نے ہی تحریر کیا تھا۔

اپنی ذاتی فلم کمپنی کے باوجود بیدی نے مکالمہ نگاری جاری رکھی اور متعدد مشہور فلموں کے ڈائیلاگ تحریر کیے۔ جن میں سہراب مودی کی فلم "مرزا غالب" (۱۹۵۴)، بمل رائے کی فلم "دیوداس" (۱۹۵۵) اور "مدھومتی" (۱۹۵۸) امر کمار اور ہری کیش مکرجی کی فلمیں "انورادھا" (۱۹۶۰)، "انوپما" (۱۹۶۹)، "ستیم" (۱۹۶۶)، "ابھیمان" (۱۹۷۳) وغیرہ شامل ہیں۔

۱۹۷۰ میں فلم "دستک" کے ساتھ انھوں نے ہدایت کاری کے شعبہ میں قدم رکھا۔ اس فلم میں سنجیو کمار اور ریحانہ سلطان نے مرکزی کردار ادا کیے تھے جبکہ موسیقی کار مدن موہن تھے۔ "دستک" کے علاوہ انھوں نے مزید تین فلموں "پھاگن" (۱۹۷۳)، "نواب صاحب" (۱۹۷۸) اور "آنکھوں دیکھی" (۱۹۷۸) میں ہدایت کاری کے جوہر دکھائے۔

راجندر سنگھ بیدی کے ناول "ایک چادر میلی سی" پر ہندوستان اور پاکستان دونوں ملکوں میں فلم بن چکی ہے۔ پاکستان میں ۱۹۷۸ میں "مٹھی بھر چاول" کے عنوان سے جبکہ ہندوستان میں "ایک چادر میلی سی" کے ہی نام سے ۱۹۸۶ میں۔ اس طرح وہ برصغیر ہند و پاک کے واحد فکشن نگار ہیں جن کی ایک ہی کہانی پر دونوں ممالک میں یعنی ہندوستان اور پاکستان میں فلم بن چکی ہے۔ بیدی کے افسانے "لاجونتی" پر نینا گپتا ۲۰۰۶ میں ایک ٹیلی فلم بھی بنا چکی ہیں۔

راجندر سنگھ بیدی کی شادی خاندانی روایت کے مطابق کم عمری میں ہی ہو گئی تھی۔ ان کی بیوی گھریلو خاتون تھیں اور بیدی نے تا عمر ان کے ساتھ محبت اور

رواداری کا سلوک رکھا۔ حالانکہ اداکارہ ریحانہ سلطان کے ساتھ معاشقے کی خبریں بھی گرم ہوئیں تاہم بیدی کی ازدواجی زندگی پر اس کے کچھ خاص اثرات مرتب نہیں ہوئے۔ بیدی کی شخصیت میں امن پسندی، صلح کل اور محبت و رواداری کوٹ کوٹ کر بھری تھی۔ یہی محبت واپنائیت ان کی کامیاب ازدواجی زندگی کا سبب بنی۔ بیدی کی صرف ایک اولاد تھی جس کا نام نریندر بیدی تھا۔ جوان ہو کر نریندر بھی فلم انڈسٹری سے وابستہ ہو گئے اور بطور فلم ڈائریکٹر اور فلم ساز انھوں نے خوب نام کمایا۔ ان کی مشہور فلموں میں "جوانی دیوانی" (۱۹۷۲)، "بے نام" (۱۹۷۴)، "رفو چکر" (۱۹۷۵) اور "صنم تیری قسم" (۱۹۸۲) وغیرہ کا شمار ہوتا ہے۔ نریندر بیدی ۱۹۸۲ میں انتقال کر گئے۔ بیٹے کی اس ناگہانی موت کے صدمے سے راجندر سنگھ بیدی ابھر نہ سکے اور نریندر کی موت کے دو سال بعد ۱۹۸۴ میں وہ بھی دارِ فانی سے کوچ کر گئے۔

راجندر سنگھ بیدی کا شمار اردو کے صف اول کے افسانہ نگاروں میں ہوتا ہے۔ ان کے افسانوں کے کل چھ مجموعے شائع ہوئے۔ "دانہ و دام" (۱۹۳۶) اور "گرہن" (۱۹۴۲) آزادی سے پہلے شائع ہو چکے تھے۔ "کوکھ جلی" (۱۹۴۹)، "اپنے دکھ مجھے دے دو" (۱۹۶۵)، "ہاتھ ہمارے قلم ہوئے" (۱۹۷۴) اور "مکتی بودھ" (۱۹۸۲) آزادی کے بعد منظر عام پر آئے۔ ڈراموں کے دو مجموعے "بے جان چیزیں" (۱۹۴۳) اور "سات کھیل" (۱۹۷۴) بھی شائع ہوئے۔ ان کا ناولٹ "ایک چادر میلی سی" ۱۹۶۲ میں شائع ہوا۔ انھیں ۱۹۶۵ میں ساہتیہ اکادمی ایوارڈ سے سرفراز کیا گیا جبکہ ۱۹۷۲ میں حکومتِ ہند نے پدم شری کا خطاب عطا کیا۔ ۱۹۷۸ میں

غالب ایوارڈ دیا گیا۔

راجندر سنگھ بیدی کو کردار نگاری اور انسانی نفسیات کی مرقع کشی میں کمال حاصل تھا۔ وہ صحیح معنوں میں ایک حقیقت نگار تھے۔ اگرچہ انھوں نے بہت زیادہ نہیں لکھا لیکن جو کچھ بھی لکھا، وہ قدرِ اول کی چیز ہے۔ بیدی کسی فیشن یا فارمولے کے پابند نہیں تھے۔ ان کے افسانوں میں مشاہدے اور تخیل کی آمیزش ملتی ہے۔ انسانی نفسیات پر گہری نظر کی وجہ سے ان کے کردار صرف سیاہ و سفید کے خانوں میں بند نہیں، بلکہ انسانی زندگی کی پیچیدگیوں کی جیتی جاگتی تصویریں پیش کرتے ہیں۔ اس تعلق سے پروفیسر شمس الحق عثمانی رقم طراز ہیں:

"راجندر سنگھ بیدی کے فن کے ان اجزاو عناصر..... ان کی پُر جہد زندگی...... اور ان کی پُر گداز شخصیت کے تار و پود کو ایک دوسرے کے قریب رکھ کر دیکھیں تو اندازہ ہوتا ہے کہ انھوں نے اپنے وجود کے جن لطیف ترین اجزا کے تحفظ و ارتقاع کو ملحوظ رکھتے ہوئے سماجی زندگی میں پیش کیا، ان اجزا نے انھیں گہرا ایقان اور عمیق بصیرت عطا کی...... اسی ایقان اور بصیرت نے اُن کے پورے فن میں وہ عرفانی کیفیت خلق کی ہے جس کے وسیلے سے راجندر سنگھ بیدی اپنے ارد گرد سانس لینے والے افراد کو شناخت کرتے اور کراتے رہے۔ افراد کی شناخت کا یہ عمل دراصل کائنات شناسی کا عمل ہے کیونکہ راجندر سنگھ بیدی کا فن، آدمی کے وسیلے سے ہندوستانی معاشرے...... ہندوستانی معاشرے کے وسیلے سے آدمی...... اور ہندوستانی آدمی کے وسیلے سے پورے انسانی معاشرے کی شناخت کرتا ہے۔" (ممبئی کے ساہتیہ اکادمی انعام یافتگان۔ مرتب: پروفیسر صاحب علی۔ ص: ۱۰۲۔ ناشر:

شعبہ اردو، ممبئی یونیورسٹی)

راجندر سنگھ بیدی کی کہانیوں میں رمزیت، استعاراتی معنویت اور اساطیری فضا ہوتی ہے۔ ان کے کردار اکثر و بیشتر محض زمان و مکاں کے نظام میں مقید نہیں رہتے بلکہ اپنے جسم کی حدود سے نکل کر ہزاروں لاکھوں برسوں کے انسان کی زبان بولنے لگتے ہیں۔ یوں تو ان کے یہاں ہر طرح کے کردار ملتے ہیں لیکن عورت کے تصور کو ان کے یہاں مرکزیت حاصل ہے۔ عورت جو ماں بھی ہے، محبوبہ بھی، بیوی بھی اور بہن بھی۔ ان کے یہاں نہ تو کرشن چندر جیسی رومانیت ہے اور نہ منٹو جیسی بے باکی۔ بلکہ ان کا فن زندگی کی چھوٹی بڑی سچائیوں کا فن ہے۔ فن پر توجہ بیدی کے مزاج کی خصوصیت ہے۔ ان کے افسانوں میں جذبات کی تیزی کے بجائے خیالات اور واقعات کی ایک دھیمی لہر ملتی ہے جس کے پیچھے زندگی کی گہری معنویت ہوتی ہے۔

***

سعادت حسن منٹو

ڈاکٹر قمر صدیقی

سعادت منٹو کی ولادت لدھیانہ کے سبرمالہ ضلع کے پاپرودی گاؤں میں ۱۱/ مئی ۱۹۱۲ میں ہوئی۔ والد کا نام میاں غلام حسن تھا جو حکومت پنجاب کے محکمۂ انصاف میں سب جج کے عہدے پر فائز تھے۔ منٹو کی والدہ سردار بیگم، میاں غلام حسن کی دوسری بیوی تھیں۔ منٹو کو میٹرک کا امتحان مسلم ہائی اسکول، امرتسر سے پاس کرنے میں چار برس لگ گئے۔ تین بار فیل ہوئے اور آخر کار ۱۹۳۱ میں یہ امتحان درجہ سوم میں پاس کیا۔ اردو کے مضمون میں برابر فیل ہوتے رہے تھے، چوتھی بار میٹرک تو پاس ہو گئے لیکن اردو کے مضمون میں فیل ہی رہے۔ انٹر کے طالبِ علم کی حیثیت سے پہلے ہندو سبھا کالج امرتسر میں داخلہ لیا اور اُس کے بعد ایم اے او کالج، امرتسر چلے گئے۔ انٹر تو نہ کر سکے البتہ ۱۹۳۵ میں علی گڑھ مسلم یونیورسٹی پہنچ گئے۔ لیکن تپ دق کا مریض ہونے کی وجہ سے یونیورسٹی حکام نے انھیں کیمپس کے حدود میں رہنے سے منع کر دیا۔

منٹو ایک بار پھر امرتسر واپس آ گئے اور غازی عبد الرحمن کے اخبار "مساوات" میں مترجم کی حیثیت سے نوکری کر لی۔ یہی وہ زمانہ ہے جب منٹو نے

عبد الباری علیگ کی حوصلہ افزائی کے طفیل ۱۹۳۳ میں وکٹر ہیگو کے ناول The Last Days of Condemn کا ترجمہ "سر گزشتِ اسیر" کے نام سے اور آسکر وائلڈ کے ایک ڈرامے کا حسن عباس کے اشتراک سے "ویرا" کے عنوان سے کیا۔ منٹو کے تراجم اردو میں مقبول ہوئے اور انھوں نے ایک طرح سے راتوں رات شہرت حاصل کرلی۔ اِس شہرت سے منٹو کو یہ فائدہ ہوا کہ وہ آل انڈیا ریڈیو، دہلی میں بطور اسکرپٹ ایڈیٹر ملازم ہوگئے۔ اسی شہرت کے چلتے انھیں منور نجن پکچرز کی فلم "بنجارہ" لکھنے کا موقع بھی ملا۔ تاہم فلم مکمل ہونے سے پہلے ہی یہ ادارہ بند ہوگیا اور فلموں میں لکھنے کا شوق منٹو کو ممبئی لے آیا۔

ممبئی کی فلم نگری کو شروع میں بطور فلم رائٹر منٹو کچھ زیادہ متاثر نہ کرسکے لہٰذا وہ ہفتہ وار فلمی اخبار "مصور" سے بطور ایڈیٹر منسلک ہوگئے۔ اسی ہفتہ وار اخبار سے منسلک رہتے ہوئے منٹو نے دھواں، کالی شلوار، بو، کھول دو اور ٹھنڈا گوشت جیسے افسانے تحریر کیے۔ ان افسانوں میں فحش نگاری کو بنیاد بنا کر انجمن ترقی پسند مصنفین نے منٹو کو انجمن سے بے دخل کر دیا اور حکومت نے بھی منٹو پر مقدمے قائم کیے۔ مئی ۱۹۳۸ میں منٹو کا نکاح کشمیری خاندان کی ایک سادہ سی لڑکی صفیہ سے ہوا۔ شادی کے بعد منٹو 'سنے ٹون فلم کمپنی' سے منسلک ہوگئے اور اس کمپنی کے لیے انھوں نے فلم 'اپنی نگریا' لکھی۔ یہ فلم ۱۹۴۰ میں ریلیز ہوئی۔ فلم سوپر ہٹ ہوئی اور منٹو کی مالی مشکلات کچھ دنوں کے لیے حل ہوگئیں۔

ابھی فلم انڈسٹری میں منٹو کے قدم جم ہی رہے تھے کہ وہ جنوری ۱۹۴۸ میں لاہور ہجرت کر گئے۔ ایک بار پھر اُن کی معاشی حالت ڈانواں ڈول ہوگئی۔ اُن کا قلم

رواں رہا لیکن معاشی مسائل تھے کہ الجھتے گئے۔ اِس پر مزید ستم یہ کہ اُن کی مخصوص سنک اور شراب کی لت نے انھیں کہیں کا نہ رکھا۔ دوبار ذہنی امراض کے شفاخانے میں بھی داخل ہونا پڑا۔ معاشی اور ذہنی پریشانیوں نے ازدواجی زندگی پر بھی تلخ اثرات مرتب کیے تاہم اُن کی صابر و شاکر بیوی صفیہ نے ان تمام تلخیوں کا بڑی پامردی سے مقابلہ کیا۔ آخری وقت میں منٹو کو اپنی بیوی کی اِس عظمت کا احساس ہوا اور ۱۸/ جنوری ۱۹۵۵ کو مرتے وقت منٹو نے اُن سے کہا:

"اب یہ ذلت ختم ہو جانی چاہیے۔"

منٹو نے اپنا ادبی سفر وکٹر ہگو، اوسکر وائلڈ، چیکوف اور میکسم گورکی کی تخلیقات کے تراجم سے شروع کیا۔ منٹو کا پہلا مطبوعہ افسانہ "تماشا" تھا جو ہفت روزہ "خلق" امرتسر میں ۱۹۳۳ میں شائع ہوا۔ جلیانوالہ باغ کے پس منظر میں لکھے گئے اس افسانے کو منٹو نے 'ابنِ آدم' کے قلمی نام سے لکھا تھا۔

منٹو کی ابتدائی تخلیقات پر ترقی پسند رویے اور رجحانات کے اثرات نمایاں ہیں۔ انھوں نے سماجی حقیقت پسندی اور کمیونزم کے اثرات بھی قبول کیے۔ منٹو نے انسانی نفسیات اور تقسیم کے بعد گرتی ہوئی قدروں کو اپنا موضوع بنایا۔ کہیں کہیں پر منٹو نے انسانی زندگی کے معاشی مسائل کو بھی موضوع بنایا ہے۔ غرض کہ انسانی وجود اور بقا کا شاید ہی کوئی ایسا جزو رہا ہو گا جسے منٹو کے نوکِ قلم نے نہ چھوا ہو۔ انھوں نے طوائفوں کے حالات تحریر کرتے ہوئے جنسی غلامی کے موضوع کو لافانی بنا دیا۔ منٹو کو اپنی بصیرت اور بصارت دونوں کے لیے ہمیشہ یاد رکھا جائے گا۔ سعادت حسن منٹو کے بیش تر افسانے تھیم پر مبنی ہیں۔ منٹو کا افسانوی عمل کسی سماجی

یا ادبی گروہ کا حلیف بننے سے انکار کرتا اور ایک نیا اور منفرد تھیم تخلیق کرتا ہے۔اس امر کی ایک عمدہ مثال ان کا افسانہ جانکی ہے۔واحد متکلم کے "نقطہ نظر" میں لکھے گئے اس افسانے کا موضوع "عورت کی محبت" ہے اور تھیم یہ ہے:

"عورت ایک آزاد و خود مختار وجود ہے۔ وہ محبت کے فیصلے آزادانہ طور پر کرتی ہے اور اپنی ہر محبت میں پر خلوص ہوتی ہے۔"

واضح رہے کہ موضوع اور تھیم میں فرق ہوتا ہے اور اس فرق کا لحاظ اکثر نہیں رکھا گیا۔کسی افسانے کا موضوع ایک عام سچائی، رویہ، قدر، مسئلہ کچھ بھی ہو سکتا ہے۔اس لیے موضوع سے کسی افسانے کے امتیاز کا اندازہ نہیں لگایا جاسکتا۔اس کے مقابلے میں تھیم کے ذریعے اس امتیاز کی طرف اشارہ ممکن ہے۔لہٰذا افسانے میں موضوع "عام" ہے، جبکہ تھیم خاص۔یہ دوسری بات ہے کہ ہر خاص تھیم میں ایک عمومی صداقت یا اصول بننے کا امکان ہوتا ہے۔

افسانہ جانکی کے علاوہ بھی منٹو کے بیشتر افسانے اِس رجحان کے حامل نظر آتے ہیں۔مثال کے طور پر افسانہ 'ہتک' کا موضوع جسم فروشی جیسی لعنت پر طنز ہے جبکہ اِس کا تھیم عورت کی عظمت ہے۔اس تعلق سے پروفیسر گوپی چند نارنگ نے تحریر کیا ہے کہ:

"جو چیز منٹو کے تخلیقی ذہن میں اضطراب پیدا کرتی ہے۔وہ خریدی اور بیچی جاسکنے والی جنس نہیں بلکہ انسانی روح کا وہ درد و کرب ہے جو جسم کو بکاؤ مال بنانے سے پیدا ہوتا ہے یعنی انسانی عظمت کا سودا اور بے بسی اور بے چارگی کا گھاؤ جو وجود کو کھوکھلا اور زندگی کو لغو بنا دیتا ہے۔مال کے دام تو لگائے جاسکتے ہیں لیکن انسانی روح

کی عظمت کے دام نہیں لگائے جاسکتے۔"

(جدیدیت کے بعد: منٹو کی نئی قرأت۔ از: پروفیسر گوپی چند نارنگ۔ ص ۳۱۰۔)

منٹو کے افسانوں میں انسانی نفسیات کا گہرا شعور نظر آتا ہے۔ انسانی زندگی کی صورتحال اور فطرت نگاری کے علاوہ ان کے یہاں جو ایک اور اہم موضوع ملتا ہے وہ سماجی اور معاشی ناہمواری کی کوکھ سے جنم لینے والے مسائل ہیں۔ یہ مسائل انسانی دکھوں اور آشوب کی سب سے بڑی وجہ ہیں۔ اس کے علاوہ جنسی ناآسودگی بھی منٹو کا من پسند موضوع ہے۔ تقسیم ہند کے بعد جو ہولناک فسادات کی کہانیاں منظر عام پر آئیں وہ بھی منٹو کے افسانوں میں جابجا ملتی ہیں۔

منٹو براہ راست ابلاغ میں یقین رکھتے تھے اور حقیقت پسندانہ اسلوب نگارش ان کے افسانوں کا طرہ امتیاز ہے۔ لیکن وہ موپساں کی طرح انسانوں کی بے بسی اور بے کسی پر خاموشی سے ماتم کناں نہیں ہوتے بلکہ مروجہ سماجی اور معاشی نظام کے جسم پر بڑی سفاکی سے تنقید اور طنز کے کوڑے برساتے نظر آتے ہیں۔ ان کے اکثر افسانوں کا کلائمکس بھی بہت حیران کن ہوتا ہے اور قاری کو بہت کچھ سوچنے پر مجبور کر دیتا ہے۔ آج اکیسویں صدی میں اُن کے بے مثال افسانے ٹھنڈا گوشت، کالی شلوار، دھواں، 'جانکی، ٹوبہ ٹیک سنگھ، نیا قانون، بابو گوپی ناتھ اور "بو" وغیرہ نہ صرف زندہ ہیں بلکہ اردو کے افسانوی منظر نامے کو مسلسل متاثر کر رہے ہیں۔ منٹو اردو کے ایک رجحان ساز نہیں بلکہ تاریخ ساز افسانہ نگار ہیں۔

***

عصمت چغتائی

عصمت چغتائی اردو ادب کی تاریخ میں نمایاں حیثیت رکھتی ہیں۔ ناول، افسانہ اور خاکہ نگاری کے میدان میں انھوں نے گراں قدر خدمات انجام دی ہیں۔ سب سے اہم یہ کہ انھوں نے اردو میں ایک بے باک تانیثی رویے اور رجحان کا آغاز کیا اور اسے فروغ بھی دیا۔ عصمت ۲۱/ اگست ۱۹۱۵ء کو اتر پردیش کے مردم خیز شہر بدایوں میں پیدا ہوئیں۔ ان کے والد مرزا نسیم بیگ چغتائی ڈپٹی کلکٹر تھے۔ لہٰذا ان کا تبادلہ ہوتا رہتا تھا۔ اسی سبب سے ان کا بچپن جودھ پور (راجستھان) میں گزرا۔ انھوں نے علی گڑھ گرلس کالج سے گریجویشن کرنے کے بعد بی ٹی (بیچلر آف ٹیچنگ) کیا۔ تحصیل علم کے بعد بدایوں کی ایک گرلس کالج میں ملازمت اختیار کی۔ وہ ۱۹۴۲ء میں انسپکٹر آف اسکول کی حیثیت سے بمبئی پہنچیں۔ شاہد لطیف سے ان کی شادی ہوئی جو تھوڑے سے ابتدائی دنوں کو چھوڑ کر ہمیشہ جی کا جنجال بنی رہی۔ فلم، صحافت اور ادب ان کی سرگرمیوں کا مرکز و محور ہیں۔ ان کا انتقال ممبئی میں ۲۴/ اکتوبر ۱۹۹۱ء کو ہوا۔ انھیں ان کی وصیت کے مطابق بمبئی کے چندن واڑی سری میٹوریم میں سپرد برق کیا گیا۔

عصمت چغتائی بڑی آزاد خیال اور عجیب و غریب خاتون تھیں۔ اُن کی شخصیت اور انسانی رشتوں اور ان رشتوں کے ساتھ عصمت کے رویے اور تعلق کو درشانے کے لیے ضروری معلوم ہوتا ہے کہ ان لوگوں کے کچھ مختصر واقعات نقل کیے جائیں جنھوں نے عصمت کے ساتھ کچھ وقت گزارا تھا۔ مثال کے طور پر مشہور افسانہ نگار اوپندر ناتھ اشک اپنے ایک مضمون میں ساحر لدھیانوی کے گھر فراق کے اعزاز میں دیے گئے ایک ڈنر جس میں عصمت کے شوہر شاہد لطیف بھی تھے کا ذکر کرتے ہوئے عصمت کے کردار کی یہ تصویر کھینچتے ہیں:

"سبھی مرد عورتیں پی رہے تھے۔ عصمت نے ایک آدھ پیگ پینے کے بعد ہاتھ میں گلاس تھامے اسے گھماتے ہوئے بہ آواز بلند کہا۔۔۔ "میرا جی چاہتا ہے میں ایک حرام کا بچہ جنوں، لیکن شاہد زہر کھا لے گا"۔۔۔ مجھے اس ریمارک سے خاصہ دھکا لگا تھا۔ کوئی عورت پی کر بھی ایسا ریمارک نہیں کس سکتی۔ جب تک کہ اپنے شوہر کی بے راہ روی یا کمزوری سے اس کے دماغ میں یہ خیال نہ پیدا ہوا ہو یا پھر شوہر کے علاوہ وہ کسی اور مرد کو نہ چاہتی ہو۔"

("عصمت چغتائی۔ دوزخی کی باتیں "از: اوپیندر ناتھ اشک۔ ص: ۲۲۔ ماہنامہ شاعر جنوری ۱۹۹۲ء)

عصمت کو قریب سے دیکھنے اور جاننے والوں میں قرۃ العین حیدر بھی ہیں۔ انھوں نے عصمت کی وفات سے متاثر ہو کر لیڈی چنگیز خان کے عنوان سے جو مضمون قلم بند کیا تھا اس میں عصمت کی آزاد خیالی کو اس واقعے کی روشنی میں پیش کیا:

"ان کی بڑی بیٹی نے بنگلور میں سول میر تج کرلی اور اطلاع دی کہ اس کی ساس سسر مذہبی رسوم کی ادائیگی بھی چاہتے ہیں آپ بھی آجایئے۔ بنگلور سے واپس آکے عصمت آپا نے اپنے خاص انداز میں نہایت محظوظ ہوتے ہوئے سنایا کہ صبح صبح میں اٹھ گئی۔ سارا گھر سو رہا تھا۔ ان کا پنڈت آگیا۔ اب وہ بے چارہ ایک کمرے میں پریشان بیٹھا تھا۔ کہنے لگا مہورت نکلی جارہی ہے اور یہاں کوئی ہے ہی نہیں۔ میں پوجا کیسے شروع کروں۔ میں نے کہا اے پنڈت جی آپ کیوں فکر کرتے ہیں۔ میں پوجا شروع کروائے دیتی ہوں۔ بس میں بیٹھ گئی اور میں نے پوجا شروع کروادی۔ میں نے حیران ہوکے پوچھا بھلا اپ نے پوجا کس طرح کروائی۔ کہنے لگیں۔ اے اس میں کیا تھا۔ پنڈت نے کہا۔ میں منتر پڑھتا ہوں آگ میں تھوڑے تھوڑے چاول پھینکتے جایئے۔ میں چاول پھینکتی گئی۔ اتنے میں گھر کے اور لوگ بھی آگئے۔ بس۔"

("عصمت چغتائی۔ دوزخی کی باتیں" از: قرۃ العین حیدر۔ ص:۳۷۔ ماہنامہ شاعر جنوری ۱۹۹۲ء)

یہ ہے عصمت چغتائی کی سیرت و شخصیت، کردار اور ان کی فکر کا محور۔ وہ بہت آزاد خیال تھیں۔ وہ تاش دلچسپی سے کھیلتیں اور لگاتار سگریٹ پیتی تھیں۔ انھیں مے نوشی کا بھی شوق تھا۔ ان کے سینے میں مردوں یا اپنے حریفوں سے انتقام کی آگ ہمیشہ جلتی رہی۔ جس سے نفرت ہوئی اس کو کبھی معاف نہیں کیا۔ دراصل انھوں نے اپنے بچپن ہی میں اس بات کو شدت سے محسوس کیا تھا کہ اچھی سے اچھی بیٹی نالائق سے نالائق بیٹے سے کم تر ہی سمجھی جاتی ہے چنانچہ ان کی اپنے کسی بھائی سے کبھی نہیں نبھی۔ ہر بھائی سے لڑائی جھگڑے میں ہی ان کا بچپن گزرا۔ بچپن کا یہ نقش

ان کے بڑھاپے تک پتھر کی لکیر بنا رہا اور مردوں سے بیر رکھنا ان کی فطرت ثانیہ بن گیا۔ وہ انتقام کی اسی آگ میں ہمیشہ جلتی رہیں۔ یہاں تک کہ مرنے کے بعد خود جل کر راکھ ہو گئیں۔ عصمت چغتائی کی سوچ کا تانا بانا انھیں حادثات و واقعات سے تیار ہوا ہے۔ انھوں نے ترقی پسندی کے انتہائی عروج کے زمانے میں قلم سنبھالا اور اپنے باغی لب و لہجے سے مردوں کی صفوں میں ہل چل مچا دی۔ ساتھ ہی یہ یقین دلانے کی بے باکانہ کوشش بھی کی کہ عورت اپنی محدودیت کے باوجود لا محدود ہے اور مرد سے کسی طرح کم نہیں ہے۔

عصمت چغتائی نے ضدی، ٹیڑھی لکیر، ایک بات، معصومہ، جنگلی کبوتر، سودائی، انسان اور فرشتے، عجیب آدمی اور ایک قطرۂ خون جیسے مشہور ناول لکھے۔ باغیانہ خیالات پر مشتمل ایک ناولٹ دل کی دنیا تحریر کیا۔ اپنے افسانوں کے مجموعے چوٹیں، چھوئی موئی، دو ہاتھ اور کلیاں شائع کروائے۔ دھانی با نکپن اور شیطان جیسے معروف ڈرامے قلمبند کیے اور تاویل، سودائی اور دوزخی جیسے بے مثال خاکے لکھے۔ ان کی یہ وہ تخلیقات ہیں جو ناول، افسانہ، ڈراما اور خاکہ نگاری کی تاریخ میں اہمیت کی حامل ہیں۔ ناول نگاری کی طرح افسانہ نگاری میں بھی عصمت کا ایک منفرد مقام ہے۔ ان کے افسانوی مجموعے چوٹیں، چھوئی موئی، دو ہاتھ اور کلیاں کو بہت مقبولیت ملی۔ انھوں نے اپنے افسانوں میں رشید جہاں کی قائم کردہ روایت کو بلندیوں پر پہنچایا اور عورت کے مسائل کی پیش کش میں رقت آمیز اور رومانی طرز کو بدل کر ایک بے باک، تلخ لیکن جرأت آمیز اسلوب کو رائج کیا۔

عصمت نے اپنے تخلیقی اظہار کے لیے گھروں میں بولی جانے والی جس ٹھیٹھ

اردو اور کٹیلے طنزیہ لہجے کو اپنایا وہ ان کی انفرادیت کا ضامن بن گیا۔ انھوں نے زیادہ تر متوسط اور نچلے طبقے کی خواتین کے مسائل اور ان کی نفسیات پر لکھا جس پر انھیں گہرا عبور حاصل تھا۔ ان کے زیادہ تر افسانے ایک ایسے المیے پر ختم ہوتے ہیں جو حقیقت سے بہت قریب ہوتے ہیں۔

انھوں نے اردو افسانے کو سچ بولنا سکھایا اور عورت کے چھوٹے سے چھوٹے مسئلے کو کہانی کا موضوع بنایا۔ چوتھی کا جوڑا، بہو بیٹیاں، سونے کا انڈا، چھوئی موئی، بھول بھلیاں، ساس، لحاف، بے کار، کلو کی ماں، اف یہ بچے، چارپائی، جھوٹی تھالی، میرا بچہ، ڈائن، ایک شوہر کی خاطر، سالی، سفر میں، تل، لال چیونٹے، پیشہ ور، ننھی کی نانی وغیرہ ان کے مشہور اور یادگار افسانے ہیں۔

ان افسانوں میں انھوں نے ایک مخصوص قسم کی فضا تخلیق کی ہے جو فضا گھر اور گھریلو زندگی سے تعلق رکھتی ہے۔ ان افسانوں میں عورت کا تصور اس کی بدنصیبی سے وابستہ نظر آتا ہے۔ اس کی پوری زندگی تلخیوں اور پریشانیوں میں گھری معلوم ہوتی ہے اور آخر میں وہ ان دکھوں کی تاب نہ لا کر اپنی جان دے دیتی ہے۔ عصمت کے زیادہ تر افسانے ایک خاص طبقے اور خصوصی طور پر عورت کے گھریلو اور جنسی تعلقات کے ارد گرد گھومتے ہیں۔ یہی وجہ ہے کہ ان کے افسانوں میں یکسانیت کا پہلو ابھر کر سامنے آتا ہے جو قاری کے لیے کبھی کبھی اکتاہٹ کا سبب بھی بن جاتا ہے۔ عصمت صرف جنس اور عورت کے مسائل تک محدود نہیں تھیں۔ ان کے افسانے: جڑیں، کافر، دو ہاتھ اور ہندوستان چھوڑ دو وغیرہ گہرے تاریخی اور معاشرتی شعور کے آئینہ دار ہیں۔ انھوں نے دو ہاتھ میں محنت کس طبقے کی اہمیت

اجاگر کیا ہے۔ دراصل عصمت کا دور ترقی پسندی کا دور تھا جس میں سماجی ناانصافیوں کے ساتھ جدوجہد کرتے ہوئے آزادی، انصاف اور ترقی کا ساتھ دیا گیا۔ یوں انھوں نے سماج کے ہر مسئلے اور طبقے پر لکھا لیکن یہ ایک مسلمہ سچائی ہے کہ عورت کی نفسیات اور جنس کے موضوع ہی ان کے نزدیک اہمیت کے حامل تھے۔

عصمت ناول نگار اور افسانہ نگار ہونے کے ساتھ ساتھ ایک کامیاب ڈراما نگار بھی تھیں انھوں نے اپنے ڈراموں میں حقیقت نگاری پر زور دیا۔ ان کے ڈراموں میں ایک بات اور نیلی رگیں بہت مشہور ہیں۔ ان کے علاوہ سانپ، دھانی بانکپن اور انتخاب بھی ان کے اچھے ڈرامے ہیں۔ ان کے ڈراموں کے کردار ہماری زندگی کے کردار ہیں۔ ان کی زبان صاف، سادہ اور دل کش ہے۔

عصمت کے تحریر کیے ہوئے خاکے تاویل، سودائی اور دوزخی کے نام سے شائع ہوئے۔ ان خاکوں میں دوزخی کو ادبی دنیا میں کافی مقبولیت ملی۔ جب یہ ماہنامہ ساقی (دہلی) میں شائع ہوا تو منٹو کی بہن نے کہا کہ "سعادت یہ عصمت کیسی بے ہودہ عورت ہے کہ اپنے موئے بھائی کو بھی نہیں بخشا۔ کمبخت نے کیسی کیسی فضول باتیں لکھی ہیں۔ اس وقت منٹو نے اپنی بہن سے کہا تھا کہ اقبال اگر تم مجھ پر ایسا ہی مضمون لکھنے کا وعدہ کرو تو میں ابھی مرنے کو تیار ہوں۔

بلاشبہ عصمت کی تحریریں موضوعات، اسلوب، کردار اور لب و لہجے کے اعتبار سے تانیثی حسیت اور تانیثی شعور کے اظہار کا پہلا معتبر تجربہ ہیں۔ اس اعتبار سے یہ تانیثیت کی پہلی اور مستند دستاویزات ہیں۔

***

کچھ وحید اختر کے بارے میں

سرور الہدیٰ

ممتاز شاعر اور نقاد وحید اختر ۱۲ اگست ۱۹۳۴ کو اورنگ آباد میں پیدا ہوئے۔ اردو شاعری میں وہ منفرد شناخت کے حامل ہیں۔ جدیدیت کی تحریک کو نہ صرف اپنی شعری خدمات عطا کیں بلکہ اپنے مضامین کے ذریعے بھی انھوں نے جدیدیت کی تعبیر و تشریح کی کوشش کی۔ انھوں نے جدید طرز کے مرثیے لکھ کر اس صنف کا دائرہ وسیع کیا۔ وہ علی گڑھ مسلم یونیورسٹی میں درس و تدریس سے منسلک رہے۔
مندرجہ ذیل کتابیں انھوں نے یادگار چھوڑی ہیں

پتھروں کا مغنی۔(۱۹۶۶)

شب کارزمیہ۔(۱۹۷۳)

زنجیر کا نغمہ۔(۱۹۸۲)

کربلا تا کربلا(۱۹۹۱)

خواجہ میر درد (تصوف اور شاعری)

۱۳ دسمبر ۱۹۹۶ کو دہلی میں انتقال ہوا۔

وحید اختر کی ذہانت اور علمیت نے ان کی تخلیقات کو استحکام بخشا ہے۔ علمیت تخلیق کار کو ایک خاص دائرے کا قیدی بھی بنا دیتی ہے۔ وہ مخصوص فکری اور لسانی دائرے میں رہ کر ادب اور زندگی کے بارے میں سوچتا ہے۔ وحید اختر نے تاریخی اور تہذیبی حوالوں کو خالص ادب یا ادب کے ادبی معیار کے نام پر نظر انداز نہیں کیا۔ یہاں اس بات کی وضاحت ضروری ہے کہ وحید اختر تاریخ اور تہذیب کو بعض جوشیلے اور انتہا پسند ترقی پسندوں اور جدیدیوں دونوں سے مختلف انداز میں دیکھتے ہیں۔ جدیدیوں نے تاریخ اور تہذیب کو اہمیت تو دی مگر خالص ہنر مندی کے تصور کے سبب تاریخ اور تہذیب سے سچی اور گہری وابستگی قائم نہیں ہو سکی۔ ترقی پسندوں کا مسئلہ تاریخ کو ادب بنانا تھا۔ وہ بھی اس طرح کہ تاریخی حقائق کی تجرید نہ ہو سکے۔ ان انتہاؤں کے درمیان وحید اختر نے جو رویہ اختیار کیا اس میں اپنی ہنر مندی اور تاریخی و تہذیبی حوالوں کا احترام ہے۔ وحید اختر کی نثری اور شعری دنیا اس لیے وسیع ہے کہ انھوں نے فکر و اظہار کی سطح پر کوئی پابندی قبول نہیں کی۔ ترقی پسندی سے ان کی شکایت یہ تھی کہ اس نے خود کو فارمولائی بنا لیا۔ جدیدیت اس روش کے خلاف بطور احتجاج سامنے آئی مگر وہ بھی رفتہ رفتہ فارمولے کی نذر ہو گئی۔ وحید اختر نے 'زنجیر نغمہ' میں پس نوشت کے تحت لکھا ہے۔ "خاص قسم کی آزادی کا پابند ہو جانا نئی طرح کی پابندی ہے۔"

خلیل الرحمن اعظمی پہلے نقاد ہیں جنھوں نے وحید اختر کی شاعری کو اس کے اصل سیاق میں دیکھنے کی کوشش کی۔ نظریاتی طور پر وحید اختر اور خلیل الرحمن اعظمی جدیدیت کے حامی اور طرفدار تھے۔ دونوں نے اپنے مضامین کے ذریعہ

جدیدیت کی روح کو سمجھنے اور سمجھانے کی کوشش کی۔ وحید اختر نے شاعری کو جدید بنانے کی اس طرح کوشش نہیں کی جس کی مثالیں ان کے معاصرین کے یہاں ملتی ہیں۔ جس نقاد نے تواتر کے ساتھ جدید حسیت کو موضوع گفتگو بنایا اس کی شاعری کا مکمل طور پر جدید نہ بن پانا ایک واقعہ ہے۔ آخر کوئی تو بات ہے کہ وحید اختر کی شاعری جدیدیت کی نمائندہ شاعری نہیں بن سکی۔ خلیل الرحمن اعظمی 'پتھروں کا مغنی' پر تبصرہ کرتے ہوئے لکھتے ہیں:"جن لوگوں نے وحید اختر کی بعض نظمیں اور غزلیں اِدھر اُدھر سے پڑھی ہوں گی یا خود ان کی زبان سے سننے کا موقع انھیں ملا ہو گا ممکن ہے ان کا پہلا تاثر یہ ہو کہ یہ شاعری اپنے انداز، و اسلوب کے اعتبار سے اس شاعری سے کچھ مختلف نہیں ہے جسے ہم ترقی پسند شاعری کہتے آئے ہیں۔ اس لیے کہ نئی نسل کے بہت سے دوسرے شعرا کے بر خلاف ان کے یہاں اختصار اور پیچیدگی کے بجائے پھیلاؤ اور صراحت ملتی ہے۔"(ص ۲۱۶)

وحید اختر کا مسئلہ نئی حسیت تھی، اسلوب نہیں تھا۔ اگر ایسا ہوتا تو وہ شعوری اور غیر فطری طور پر نظم کو ہیئتی بنانے کی کوشش کرتے۔ روایت ان کے لیے آسیب نہیں تھی اور وہ کسی اسلوب کو فیشن میں رد کرنا نہیں چاہتے۔ ایک ہی نظم میں واقعے کی مناسبت سے کئی اسالیب سے کام لیا جا سکتا ہے۔ ممکن ہے وحید اختر کی نظموں کے بعض مصرعے اضافی معلوم ہوں مگر تخلیق کار کی طبیعت کی روانی اور وفور کہاں جا کر دم لے گی اس کا فیصلہ کوئی نقاد یا قاری تو نہیں کر سکتا۔ خلیل الرحمن اعظمی نے یہ بھی لکھا ہے:"لیکن اس مجموعہ کو شروع سے آخر تک پڑھنے کے بعد ہمیں اس بات کا بخوبی اندازہ ہو سکتا ہے کہ ان نظموں اور غزلوں میں ہمیں جو فضا

ملتی ہے اور اس کے اندر سے شاعر کی جو شخصیت ابھرتی ہے وہ اپنے پیش روؤں سے بالکل مختلف ہے۔ ان نظموں اور غزلوں کا شاعر اپنے جسم کے اعتبار سے اپنے بزرگ معاصرین سے مشابہ ہو تو ہو اپنی روح اپنے باطن کے اعتبار سے وہ ایک نئے وجود کا حامل ہے۔"

وحید اختر کی نظموں میں خود کلامی کا وہ انداز نہیں ہے جسے عموماً جدیدیت سے وابستہ شاعری کے لیے لازمی تصور کیا گیا۔ وحید اختر نے کبھی خود کلامی کو ناپسندیدگی کی نظر سے نہیں دیکھا۔ ان کے تخلیقی اور تنقیدی ذہن میں کسی بھی رجحان یا رویے کا اصل سیاق ہوتا ہے۔ ایک جگہ کوئی چیز غیر اہم اور اوڑھی ہوئی معلوم ہو سکتی ہے اور دوسری جگہ وہ چیز برجستہ اور مناسب ہو سکتی ہے۔ نئی نظم کی تنقید میں جب نظم کو سیاق سے کاٹ کر دیکھا گیا تو غیر ضروری طور پر انتشار کی کیفیت پیدا ہوئی۔ وحید اختر نے اپنی نظموں کو کسی خاص ہیئت اور فکر کا پابند نہیں بنایا۔ ان کی بعض نظموں کو پڑھنے کے بعد احساس ہوتا ہے کہ پابندی اور بغاوت کا سفر ایک ساتھ جاری رہتا ہے اور کبھی الگ لگ بھی۔ نظم کی خارجی ہیئت پہلے ہی قاری کو متوجہ کر لیتی ہے۔ آزاد اور پابند نظم میں بہتر کون سی ہیئت اور آزاد نظم کہنے کا حق کسے حاصل ہے، یہ سب باتیں وحید اختر کی نظم نگاری کے سیاق میں اہمیت اختیار کر لیتی ہیں۔ اس حقیقت سے انکار مشکل ہے کہ ۶۰، ۷۰ کی دہائی میں آزاد اور نثری نظم کے تخلیقی عجز کو چھپانے کا وسیلہ بنایا گیا۔ وحید اختر کی نظم یہ بتاتی ہے کہ کسی ہیئت کو اختیار کرنا اپنے تخلیقی عمل اور تخلیقی تقاضے کا خیال رکھنا ہے۔ اول و آخر تو تخلیقی حسیت ہے۔ انھوں نے تخلیقی سطح پر یہ بھی بتایا کہ نظم کہنے کے لیے فکر و خیال کی دنیا کا وسیع ہونا ضروری

ہے۔ وسعت کے بعد بھی مختصر نظم بامعنی ہو سکتی ہے۔ مختصر نظم کے چھوٹے بڑے مصرعے غزل کے مصرعوں کی طرح بامعنی اور معنی آفریں ہو سکتے ہیں لیکن اس کے لیے ذہن کا بڑا ہونا ضروری ہے۔ اس سلسلے میں منیر نیازی اور شہریار کی مختصر نظمیں دیکھی جا سکتی ہیں۔

وحید اختر نے ایک مضمون میں لکھا ہے کہ اقبال کے ساتھ عظیم شاعری کا تصور بھی رخصت ہو گیا، گویا اقبال کے بعد جو شاعری سامنے آئی اس میں عظمت کے عناصر تو تھے لیکن یہ عظیم نہیں تھی، وحید اختر کے ذہن میں وہ اقدار ہیں جن سے کوئی شاعری علم و ذہانت کے ساتھ عظمت کے مقام پر فائز ہوتی ہے۔ جب عقیدہ اور تصور متزلزل ہو اور انسان فکر و احساس کی سطح پر چھوٹے چھوٹے گھروندے بنا رہا ہو ایسے میں کسی ایسی شاعری کا وجود میں آنا دشوار ہے جو انفرادی ہونے کے ساتھ ساتھ کائناتی بھی ہو۔ وحید اختر نے اپنی شاعری میں اس کائناتی آہنگ کو برتنے کی کامیاب کوشش کی۔ 'شب کارزمیہ' کی پہلی نظم 'شاعری' ہے۔ یہ نظم شاعر کا نظریۂ شعر بھی ہے اور نظریۂ کائنات بھی۔ یہ ایک آزاد نظم ہے جس میں شاعر کا تخیل اپنی ذات کے زنداں سے نکل کر کائنات میں باہیں ڈال دیتا ہے۔ وہ زماں مکاں کی سیر کرتا ہوا ذات کی طرف آتا ہے۔ اس درمیان اسے زندگی اور کائنات کی مختلف سچائیاں متوجہ کرتی ہیں۔ ان سچائیوں کا رشتہ زندگی کی تلخ سچائیوں سے ہے۔ آپ انھیں زندگی کی بدصورتیاں کہہ لیجیے:

خلوتِ ذات کے محبس میں وہ بے نام اُمنگ
جس پہ کونین ہیں تنگ

چھان کر بیٹھی ہے جو وسعتِ صحرائے زماں
جس کو راس آنہ سکی رسم ورہِ اہلِ جہاں
نشہ ٔ غم کی ترنگ
خود سے بھی برسرِ جنگ
پستیِ حوصلہ و شوق میں ہے قید وہ رُوحِ امکاں
شورِ بزمِ طرب و شیونِ بزمِ دل میں
دہر کی ہر محفل میں
جس نے دیکھی ہے سدا عرصہ ٔ محشر کی جھلک
بوئے بازار میں گم کردہ رہی جس کی مہک
عالمِ آب و گل میں
جہد کی ہر منزل میں
اپنے ہی ساختہ فانوس میں ہے قید وہ شعلے کی لپک

نظم کے ابتدائی یہ دو بند جس فکری بلندی اور کائناتی آہنگ کا پتہ دیتے ہیں وہ وحید اختر کی پوری شاعری میں موجود ہے۔ ان میں ایسا کوئی لفظ نہیں جس سے ہم مانوس نہ ہوں مگر شاعر انھیں جس طرح برتنے میں کامیاب ہوا ہے وہ فکری بلندی کے ساتھ لسانی اظہار کی بھی تو بات ہے۔ یہ وہ لسانی اظہار ہے جو لفاظی اور بے معنی لسانی جزیرہ نہیں۔ بہت غور و فکر کے بعد زبان نے اپنا عمل شروع کیا ہے۔ پہلا ہی مصرعہ بظاہر جدیدیت کا زائیدہ معلوم ہوتا ہے۔ 'خلوت ذات کے محبس میں وہ بے

نام امنگ' مگر اس بے نام امنگ پر کونین تنگ بھی تو ہے۔ ذات سے کائنات تک کا یہ سفر کس قدر صبر آزما ہے مگر دیکھیے اس امنگ کو بالآخر پناہ خلوت ذات ہی میں ملی۔ یہاں کوئی نظر یہ تیر تا نظر نہیں آتا۔ ایک شعلہ فطری طور پر بھڑکتا ہے مگر اس شعلے کی پرورش و پرداخت میں ایک باشعور تخلیقی ذہن نے حصہ لیا ہے جس کے پاس نظر اور نظریے کی وہ دولت ہے جس سے نہ انسانی اقدار کو خطرہ ہے اور نہ شعر و ادب کی بنیادی قدروں کو۔ اس عمل میں تشکیک بھی سر اٹھاتی ہے اور غم و غصہ بھی۔ یقین کی شمع بھی روشن ہو جاتی ہے اور بے یقینی کے اندھیرے بھی راستہ روکتے ہیں۔ یہ حقائق وحید اختر کے یہاں زندگی اور ادب دونوں کو قوت بخشتے ہیں۔ وحید اختر نے زندانِ ذات کو کائنات کا مرکز قرار دیا ہے۔ یہ بھی سچ ہے کہ زندان ذات کی صورت نئی شاعری میں ایک جیسی نہیں ہے

* * *

رفیعہ شبنم عابدی

شیخ حسینہ

رفیعہ شبنم عابدی کی پیدائش مہاراشٹر کے بمبئی کے علاقے میں بی۔ آئی۔ ٹی بلاکس نامی کالونی میں ۷؍ دسمبر ۱۹۴۳ کو ہوئی یہ گھرانہ بڑا ہی معزز گھرانہ ہے۔ رفیعہ کے جد اعلیٰ سید محمد مدنی جو کہ اپنے زمانے کے ایک بہت بڑے عالم دین تھے جن کا سلسلہ اٹھارہویں پشت میں امام جعفر صادق سے جا ملتا ہے۔ وہ مدینے سے ایران ہوتے ہوئے ہندوستان تشریف لائے اور ہندوستان آکر یہاں رشد و ہدایت میں اپنے آپ کو مصروف کرلیا، تبلیغ دین اور انسان دوستی کا درس عام کرنے کی خاطر مہاراشٹر کے مختلف علاقوں کا دورہ کرتے ہوئے پونہ ضلع کے ایک قصبہ "منچر" میں آگئے اور یہ جگہ انھیں ایسی بھائی کہ ہمیشہ کے لئے یہیں سکونت اختیار کرلی۔ یہاں مراٹھا سرداروں کا تسلط تھا۔ اس دور میں جن سیدوں کو جاگیر اور انعام واکرام سے نوازا گیا ان میں رفیعہ شبنم عابدی کے آبا و اجداد بھی شامل تھے۔ اسی باعث اس خاندان کو " انعام دار خاندان " کے نام سے یاد کیا جاتا ہے۔ آگے جاکر ان کے چار بیٹے ہوئے ان چاروں نے بھی "منچر" ہی میں سکونت اختیار کی۔ اس بارے میں رفیعہ شبنم عابدی نے لکھا ہے کہ:

"وہ ایک درویش صفت عالم دین تھے۔ اور ہندوستان کے مختلف علاقوں میں علم بانٹتے بانٹتے کسی نیک ساعت میں مہاراشٹرا کے ضلع پونے کے ایک قصبے منچر (جسے ایرانی سپاہی پہلے ہی مینوچر بمعنی جنت نشاں کا لقب دے چکے تھے۔) پہنچے، یہ جگہ خدا جانے کیوں انھیں ایسی بھائی کہ بستی کے عین قلب میں کافی اونچائی پر اپنا حجرہ بنا کر تا دم آخر بستی والوں پر علم و عرفان کی بارش برساتے رہے۔ پھر ان کے چار بیٹے مستقل طور پر یہیں بس گئے۔ میری رگوں میں اسی قبیلے کا خون دوڑ رہا ہے جسے آج بھی سادات جعفری منچر کے نام سے جوڑا جاتا ہے۔"[۲]

رفیعہ کے والد صاحب کی جائے پیدائش بھی منچر ہی ہے۔ لیکن تعلیم مکمل کرنے کے بعد تلاش معاش میں وہ بمبئ آگئے۔ اور پھر انھوں نے بمبئ ہی میں مستقل سکونت اختیار کرلی۔ رفیعہ کے والد سجاد علی منچری ایک اچھے شاعر، ادیب اور ماہر ریاضیات تھے۔ شاکر لقب کرتے تھے۔ شاعری میں انھیں بالواسطہ دبستان داغ سے نسبت تھی انھوں نے شاعری کی تقریباً ہر ایک صنف شاعری میں طبع آزمائی کی اور کامیاب رہے۔ وہ پرائمری ٹیچرز ٹریننگ کالج میں لکچر رتھے بعد میں صدر مدرس کے مقام پر فائز ہوئے۔ ان دنوں جب مہاراشٹر ریاست عمل میں نہیں آئی تھی اور سرکاری اداروں کا وجود نہ تھا سجاد علی منچری درسی کتابوں کی ترتیب اور تیاری بڑی ذمہ داری سے نبھایا کرتے تھے۔ تحتانوی اور ثانوی دونوں جماعتوں کی سائنس اور ریاضی کتابیں بڑی مشقت اور عرق ریزی سے تیار کیا کرتے اور یہ سلسلہ ہنوز ریاست مہاراشٹر کے قیام میں آنے اور ٹیکسٹ بک کمیٹی و بال بھارتی اداروں کے شروع ہونے تک جاری و ساری رہا۔

رفیعہ کی والدہ سیدہ زینب بھی ایک نہایت ہی دلکش اور سادہ طبیعت کی مالک خاتون تھیں اور اس دور میں جب لڑکیوں ک تعلیم معیوب و معتوب سمجھی جاتی تھی سیدہ زینب نہ صرف قرآن مجید اور دینی تعلیم سے آراستہ تھیں بلکہ روزنامہ انقلاب کا مطالعہ ان کا معمول تھا۔ ساتھ ہی مولوی نذیر احمد اور راشد الخیری وغیرہ کے ناول پڑھ کر ادب کے مطالعہ سے بھی فیض یاب ہوا کرتیں۔ ایک اچھی گھریلو عورت کی تمام ذمہ داریاں اور بچوں کی پرورش و پرداخت ان کے اولین فریضے تھے۔ صوم و صلوٰۃ کی بھی پابند تھیں۔

ایسے علم و ادب کے دلدادہ والدین کے گھر میں رفیعہ نے اپنی زندگی کی پہلی سانس لی۔بی۔ آئی۔ ٹی بلاکس نامی یہ کالونی جہاں رفیعہ پیدا ہوئیں۔ اس دور میں تعلیم یافتہ اور سلجھے ہوئے لوگوں سے آباد تھی۔ ایک ایسی صاف ستھری میں جو ہر طرح کی گراوٹوں کمیوں اور خامیوں سے پاک صاف تھی۔ شعبہ حیات کے لگ بھگ تمام ذی علم و باشعور افراد جیسے ڈاکٹر، انجینئر، ماہر تعلیم، وکیل، پروفیسرز، شعر و ادبا تمام کے تمام نے اس بستی کو اپنے وجود سے معمور کیے ہوئے تھے۔ اس کالونی میں ایک لائبریری تھی جو وہاں کے مکینوں کی ادبی ذوق و شوق کا منہ بولتا ثبوت تھی۔ جہاں مختلف موضوعات پر نہ صرف ادبی بلکہ مذہبی کتب کا گنج بیکراں موجود تھا۔ رفیعہ کے لئے ادبی شخصیات اور ان کی بیش قیمتی خدمات کو سمجھنے کے لئے لائبریری نے بڑا اہم کردار نبھایا ہے۔ اسی کالونی میں " انجمن باشندگان بی آئی ٹی بلاکس " نامی ادبی تنظیم کا قیام عمل میں آیا تھا جو یہاں کے علم دوست شخصیات کی کاوشوں کا نتیجہ تھا۔ اس سوسائٹی کے صدر رفیعہ کے والد صاحب ہی تھے۔ اس

انجمن کے ذریعہ ہر سال ادبی، سماجی، اور ثقافتی پروگراموں کے علاوہ مشاعرے بھی منعقد کیے جاتے تھے۔ جن میں اس دور کے مشہور و معروف شعرا مثلاً کیفی اعظمی، شکیل بدایونی، اعجاز صدیقی، احسن داناپوری، خمار بارہ بنکوی، منیر الہ آبادی وغیرہ شرکت کیا کرتے تھے۔ رفیعہ کے ادبی ذوق کو جلا بخشنے میں ان تمام شعرا نے بھی بڑا بڑا خاص رول نبھایا۔ بچپن ہی سے مطالعہ کے شوق اور ان تمام شعرا و ادبا کی محبت او رشفقت کے باعث رفیعہ کے شعر و ادب کی طرف اٹھتے قدم روز بروز اور زیادہ مستحکم ہوتے چلے گئے۔ رفیعہ کے گھر میں اس وقت کے تمام ادبی جرائد آیا کرتے تھے، آجکل، افکار، اصلاح، ماہ نو، نقوش، نگارا ایسے جریدوں کی بھرمار تھی۔ شعری مجموعے بھی منگوائے جاتے اس کے علاوہ عروض و اصطلاحات پر مبنی کتابیں وغیرہ بھی گھر ہی میں موجود تھیں۔ رفیعہ نے کم سنی کی عمر سے ہی، متذکرہ بالا تماباتوں سے استفادہ کرنا شروع کر دیا تھا۔ اور دیکھتے ہی دیکھتے ان کے اندر ایک شاعرہ نے انگڑائی لی اور شبنم کی صورت میں وہ تمام دنیا سے متعارف ہوئیں۔

سجاد علی منچری کی یہاں کل نو اولادیں ہوئیں۔ رفیعہ ان میں چوتھے نمبر پر ہیں۔ ، منچری صاحب کی پانچ بیٹیوں اور چار بیٹوں نے ادبی ذوق ورثہ میں پایا تھا۔ رفیعہ کو علاحدہ کریں تو باقی تمام بھائی بہن بے حد جدت پسند اور خوش طبع تھے۔ اس کے بر خلاف رفیعہ کافی سنجیدہ مزاج، اور بے حد حساس تھیں اور الگ تھلگ اپنی دنیا میں مگن رہنا جیسے ان کی عادت بن گئی تھی جس کا نتیجہ یہ نکلا کہ دن بہ دن ان کی حساس طبیعت اور سنجیدہ مزاجی نے انھیں بے انتہا گہری سوچ و فکر اور عمیق مشاہدہ کرنے کی صلاحیت عطا کی، انھوں نے ایک ایک موضوع پر سنجیدگی سے غور و خوض کر

ناشروع کر دیا۔ اسی علاحدہ اور نرالی طبیعت نے انھیں احساس کمتری کا شکار بھی بنادیا تھا۔ لیکن اس میں مبتلا ہو کر رہنے کی بجائے اپنے سنجیدہ فن کی گہری بصیرت سے شعر و ادب کو ایک نرالا رنگ و روپ عطا کیا۔ اسی نئے رنگ سے انھوں نے خیالات و تصورات کا ایک نیا جہاں بسایا اور دنیا کو یہ احساس دلایا کہ وہ بالکل "منفرد و مختلف" ہیں۔ بچپن میں بہن بھائیوں میں جب بھی شعر گوئی کا مقابلہ ہوا کرتا تو سب سے بہترین غزل کہنے کا انعام رفیعہ ہی کے حصے میں آتا۔ اس طرح یہ کہا جا سکتا ہے کہ ان کے تخلیقی سفر کی شروعات ان کے گھر آنگن سے ہی ہوتی ہے۔

باقاعدہ ان کے تعلیمی سفر کا آغاز بمبئی میونسپل کارپوریشن کے زیر نگرانی چلنے والے امام باڑہ گرلز اسکول سے ہوا۔ جہاں انھیں پانچویں جماعت میں داخل کروایا گیا۔ ان کے شعری سفر کی ابتداء بھی یہیں سے ہوتی ہے۔ اس اسکول کے محرک انسپکٹر آف ایجوکیشن سید ابو محمد طاہر تھے۔ انھوں نے طلبہ کے اندر موجود ادبی صلاحیتوں کو ابھارنے کے لئے نظم خوانی کا ایک سلسلہ شروع کیا تھا۔ رفیعہ نے اسی سلسلے کے تحت طاہر صاحب کی عقیدت میں نظمیں کہنا شروع کیں۔ بقول رفیعہ شبنم عابدی:

"ہماری کلاس ماڈل کلاس قرار دی گئی تھی۔ میں چونکہ کلاس میں مانیٹر تھی لہٰذا مجھے ہی اس کا سرخیل بنایا گیا۔ میرا کام یہ تھا کہ کسی بھی استاد شاعر کی نظم ازبر کر کے تحت اللفظ میں بآواز بلند سناؤں اور ٹیپ کا بند یا مصرعہ دوسرے دہرائیں۔ بس اسی دوران کب کیسے ایک مشاعرہ نے میرے اندر انگڑائی لی اور میں نے طاہر صاحب کی عقیدت میں نظمیں کہنا شروع کیں۔ ظاہر ہے بچکانہ نظمیں مثلاً:

جب بھی طاہر جناب آتے ہیں
ہم کو جغرافیہ پڑھاتے ہیں
کبھی نظموں کی بات کرتے ہیں
کبھی کچھ شعر بھی سناتے ہیں
کبھی کرتے ہیں کچھ سوال عجیب
کچھ طریقے نئے سکھاتے ہیں"[۳]

مذکورہ تمام باتوں کا نتیجہ یہ کلا کہ رفیعہ کو پانچویں جماعت ہی میں آزادؔ، نظیرؔ، اقبالؔ اور حالیؔ جیسے شعرا کی نظمیں ازبر ہونے لگیں بعد ازاں رفیعہ نے نوویں جماعت کے لئے انجمن اسلام سیف طیب جی گرلز ہائی اسکول بلاسس روڈ میں داخلہ لیا اس اسکول کے نظم و ضبط نے انھیں خاصہ متاثر کیا۔ یہاں وسیع لائبریری تھی جس نے رفیعہ کے مطالعہ کو علم و ادب کے بسیط میدان سے آشنا کروایا اور رفیعہ کے مطالعہ کو تقویت بخشی۔ انھوں نے پریم چند، کرشن چندر، علی عباس حسینی، خواجہ احمد عباس اور عصمت چغتائی کی کئی کہانیاں اور افسانوں کے مجموعے پڑھ ڈالے جس کی بدولت ان کا رجحان افسانہ نگاری کی طرف ہو گیا۔ اس دور میں "انقلاب" نے رفیعہ کے علم و ادب کے ذوق کو پروان چڑھانے تخلیقی سفر کو صحیح سمت و راہ مہیا کرانے میں اہم کردار نبھایا۔ "ہفت رنگ" کے نام سے انقلاب میں انور اشفاق کا ترتیب کردہ ایک صفحہ نکلتا تھا۔ رفیعہ "ہفت رنگ قلم کار" سوسائٹی کے گرلز سیکشن کی برسوں سیکریٹری رہیں۔ رفیعہ جب تک سیف طیب جی اسکول میں زیر تعلیم رہیں ان کا رجحان شاعری سے زیادہ نثر کی طرف رہا۔ نوویں جماعت میں انھوں نے

اپنا پہلا افسانہ " آنکھ جو دیکھتی ہے لب پہ آ سکتا نہیں" جس میں انھوں نے اپنے ایک آنکھوں دیکھے حادثے کو بیان کیا ہے۔ یہ افسانہ روزنامہ انقلاب میں "بچوں کی دنیا" میں شائع ہوا، اسی دور میں پہلی دفعہ روزنامہ انقلاب میں رفیعہ کی غزل خواتین کے صفحہ "عالمِ نسواں" میں چھپی۔ مطلع ملاحظہ فرمایئے:

روکا تو بہت موجوں نے مگر ہم دامنِ ساحل پا ہی گئے
اک کوشش پیہم کرتے رہے اور جادۂ منزل پا ہی گئے

اسی زمانہ میں "ماہ نامہ شمع (دہلی) میں ایک اور غزل شائع ہوئی مطلع کچھ اس طرح تھا:

جو غم سے دور ہو، وہ زندگی اچھی نہیں لگتی
تڑپ جب تک نہ شامل ہو ہنسی اچھی نہیں لگتی

شاعری کا یہ ورثہ ان کے والد صاحب کی طرف سے ملا مگر شاعری میں وہ اپنے والد صاحب کی شاگردی اختیار نہ کر سکیں، غالباً اپنے والد صاحب کو اپنا کلام دکھانے میں شرم مانع آجاتی ہوگی۔ مگر انھوں نے اپنے کلام پر نہ ہی کبھی کسی سے اصلاح لی اور نہ کسی کی شاگردی اختیار کی بس اپنی راہیں خود ہی تلاشتی رہیں۔

۱۹۶۰ء کے آس پاس جب تانیثیت کی تحریک بھی زور شور سے چل پڑی تھی۔ اسی دور میں رفیعہ شبنم منچری کے نام سے رومانی و سماجی کہانیاں لکھنے لگیں تھی۔ اس وقت وہ سب سے زیادہ " واجدہ تبسم " کے رومانی افسانوں کا مطالعہ کیا کرتیں۔ اسی سے متاثر ہو کر " جب دل ہی ٹوٹ گیا" اور " میں پاگل میرا منوا پاگل " یہ دو رومانی ناول بھی لکھے۔ ۱۹۶۰ء سے ۱۹۷۰ء تک ماہنامہ بیسویں صدی میں رومانی

کہانیاں لکھتی رہیں۔

اسکول کی تعلیم مکمل کر لینے کے بعد انھوں نے صوفایہ گرلز کالج میں داخلہ لیا اور انٹر میڈیٹ میں امتیازی نمبروں سے کامیاب ہوئیں۔ یہاں ڈاکٹر فصیح الدین صدیقی اور محترمہ خیر النسا باقر مہدی جیسے باصلاحیت اساتذہ کی رہنمائی نے رفیعہ کے تخلیقی سفر کو رہنمائی عطا کی۔ انھوں نے صوفایہ کالج سے ۱۹۶۵ء میں بی اے آنرز کیا پھر پروفیسر نجیب اشرف ندوی کی نگرانی میں ایم اے مکمل کر لیا۔ سینٹ جوزف کالج بمبئی سے پروفیسر نظام الدین گوریکر کے زمانے میں فارسی ایم اے اوّل درجے سے کامیاب ہوئیں۔ پی ایچ ڈی کی ڈگری " ہندوستان میں شیعیت اور عزا داری " کے عنوان پر بمبئی یونیورسٹی سے ڈاکٹر آدم شیخ کی نگرانی میں حاصل کی۔ اس کے بعد ان کی تحقیقی و تنقیدی کتاب " ملّا وجہی اور انشائیہ " کے لئے بمبئی یونیورسٹی نے انھیں ڈی لٹ کی ڈگری سے نوازا۔

رفیعہ نے جیسے ہی بی اے آنرز کامیاب کیا تو انھیں کے اسکول یعنی سیف طیب جی گرلز ہائی اسکول میں لکچرر کے طور پر متعین کر دیا گیا۔ ایسا اس لئے بھی ہوا کہ طالب علمی کے دور میں رفیعہ اس اسکول میں تمام اساتذہ کی ہر دل عزیز طالبہ تھیں۔ دوسرے ان میں قابلیت بھی بے پناہ تھی۔ اس ملازمت کو ابھی دو برس ہوئے تھے کہ ان کی شادی " سید حسن اختر عابدی " سے ۱۹۶۷ء میں ہو گئی۔ عابدی صاحب اتر پردیش ضلع مراد آباد کے " نو گاواں سادات " کے ایک معزز گھرانے کے چشم و چراغ ہیں۔ مائیکے کی طرح سسرال بھی عالم، فاضل اور ذی فہم باشعور لوگوں سے بھرا ہوا تھا۔ عابدی صاحب خود بھی علی گڑھ مسلم یونیورسٹی سے معاشیات میں بی۔

اے کر کے بمبئی یونیورسٹی پوسٹ گریجویٹ کرنے کے بعد بمبئی کے میونسپل کارپوریشن میں محکمہ تعلیم سے منسلک ہو گئے۔ اتنا ہی نہیں عابدی صاحب کو شعر و شاعری سے بھی خاصہ لگاؤ رہا ہے۔ اچھا شعری ذوق رکھتے ہیں۔ "شعلہ" تخلص کرتے ہیں۔ عابدی صاحب کو شعر و شاعری کا یہ رنگ علی گڑھ مسلم یونیورسٹی میں تعلیم حاصل کرنے وقت آل احمد سرور، خورشید الاسلام، معین احسن جذبی، خلیل الرحمٰن اعظمی جیسے اعلیٰ شعری شعور اور ادبی ذوق رکھنے والے استادوں کی شفقت اور صحبتوں کا نتیجہ ہے۔ عابدی صاحب کے چند اشعار دیکھئے:-

ہو گئیں سب حقیقتیں جھوٹی
اب تو کاغذ کی ناؤ چلتی ہے
آگ سے کھیلتے ہو کیوں شعلہؔ
یہ جلاتی ہے اور جلتی ہے

اگلے تصورات کو بالکل فضول کر
دنیا کی انگلیاں اٹھیں کچھ ایسی بھول کر
کب تک جئیں گے یوں ہی فرشتوں کی زندگی
اپنے اصول توڑ، مجھے بے اصول کر
شعلہ تو نذر کر دے غزل زندگی کے نام
اپنی سخن وری کی نہ قیمت وصول کر

اسی شعر فہمی اور ذی علمی کے باعث عابدی صاحب رفیعہ کی تمام شعری

تخلیقات کے اولین سامع اور ناقد بھی رہے ہیں۔ رفیعہ خود اس بات کا اقرار کچھ اس طرح کرتی ہیں:

"وہ میری شعری تخلیقات کے نہ صرف اولین سامع اور ناقد ہیں بلکہ محرک بھی ہیں میری نوے فیصدی شاعری ان ہی کی ذات کے ارد گرد گھومتی ہے۔ کوئی بات، کوئی رمز، کوئی کنایہ، کوئی واقعہ، کوئی حادثہ، جو ان کی زندگی سے ہوتا ہوا مجھ تک پہنچتا ہے۔ شعر بن جاتا ہے۔"[۴]

عابدی صاحب کی یہ خوبی ہے کہ انھوں نے خود کو پس منظر میں رکھا اور رفیعہ کو آگے بڑھنے اور لکھنے پڑھنے میں مکمل تعاون کرتے رہے۔ شادی کے بعد رفیعہ نے ادبی مشاغل ترک کر دینے کا تہیہ کر لیا تھا مگر شفیق و مہربان مانند دوست شوہر کی سرپرستی اور اعتبار کا نتیجہ تھا کہ رفیعہ نے یہ کامیابیاں اور کامرانیاں حاصل کیں اور ایک فرماں بردار نصف بہتر کی طرح نہ صرف ان کی خواہشات کا احترام کرتے ہوئے تعلیم مکمل کی بلکہ امور خانہ داری کے ساتھ ساتھ درس و تدریس کے فرائض بھی تقریباً ۳۸ سال تک بے حد ذمہ داری اور خندہ پیشانی سے نبھاتی رہیں ساتھ ساتھ ان کا تخلیقی سفر بھی جاری رہا۔

انجمن اسلام طیب جی اسکول میں لکچرر تھیں اسی دوران رفیعہ کا تقرر برہانی کالج (مجگاؤں) میں اردو اور فارسی کی لکچرر کے طور پر ہوا۔ یہاں تقریباً چھ برس تک وہ لکچررشپ کے فرائض انجام دیتی رہیں۔ ۱۹۸۱ میں ان کا تقرر مہاراشٹر اکالج آف آرٹس سائنس اینڈ کامرس میں بحیثیت ریڈر ہوا۔ یہاں اول تو فارسی درس و تدریس اور بعد ازاں صدر شعبہ اردو کی حیثیت سے تقریباً بیس برس کے طویل عرصہ تک

منسلک رہیں اور مہاراشٹر اکالج کو علم و ادب کا گہوارہ بنادیا۔ آخر کار ۲۰۰۱ء میں ان کی اعلیٰ صلاحیتوں کو پیش نظر رکھتے ہوئے بمبئی یونیورسٹی میں کرشن چندر چیئر پر بحیثیت پروفیسر اور صدر شعبۂ اردو فائز ہوئیں اور دو سال بعد یعنی ۳۱؍ دسمبر ۲۰۰۳ء کو ملازمت سے سبکدوش ہوئیں اس طرح رفیعہ تقریباً ۳۸ سال درس و تدریس کے پیشہ سے وابستہ رہیں اور اپنی گراں قدر ادبی خدمات سے اپنے طلبہ کو سرفراز کرتی رہیں۔

رفیعہ شبنم عابدی کی پانچ اولادیں ہیں۔ دو بیٹیاں اور تین بیٹے۔ سب سے بڑی دختر شاداب سید ہیں رضوی کالج باندرہ میں درس و تدریس کے پیشے سے وابستہ ہیں۔ ان کی دوسری بیٹی سیماب سید جو کہ دوبئی میں مقیم ہیں۔ دونوں بیٹوں کو شعر و شاعری سے گہرا شغف ہے۔۔ بیٹیوں میں سید دانش رضا بھی شاعری کا شغل فرماتے ہیں۔ دوسرے بیٹے شارق رضا کو نہ صرف شعر و ادب سے لگاؤ ہے بلکہ اچھی خاصی شاعری بھی کرلیتے ہیں۔ یہ دونوں متحدہ امریکہ کی ریاست کیلیفورنیا میں مقیم ہیں اور سب سے چھوٹے فرزند سید محمد کاشف کینیڈا میں بر سر روزگار ہیں۔ انھیں البتہ شعر و شاعری سے کوئی لگاؤ نہیں ہے۔ تمام بھائیوں بہنوں میں شاداب سید بڑی بیٹی ہونے کی حیثیت سے نہ صرف اپنی والدہ کے بے حد قریب ہیں بلکہ جذباتی و شعوری دونوں طور پر شاداب کا رشتہ رفیعہ سے بے حد گہرا ہے۔

رفیعہ شبنم عابدی کا نام بیسویں صدی کی اہم خواتین قلم کاروں میں بے حد نمایاں رہا ہے۔ آزادی کے بعد جن خواتین شاعرات نے اپنے فن کا لوہا منوایا اور اپنی مختلف پہچان و منفرد شناخت قائم کی اس میں ادا جعفری، شفیق فاطمہ شعریٰ ترنم

ریاض، ساجدہ زیدی، زاہدہ زیدی، عذرا پروین، رخسانہ جبین اور شہناز نبی وغیرہ کے نام اہم ہیں۔ نقادوں کا یہ کہنا ہے کہ یہ مختصر سی فہرست رفیعہ شبنم عابدی کے نام کے بغیر بالکل مکمل نہیں ہوسکتی۔ ان کی انہی خدمات کا اعتراف کرتے ہوئے ہندوستان کے کئی سرکاری اور دیگر نیم سرکاری اداروں کی طرف سے انھیں اب تک کل ۲۸ چھوٹے وبڑے اعزازار سے نوازا جاچکا ہے۔

انعامات واعزازات:

آل انڈیا روبی ادبی ایوارڈ برائے طرحی غزل (۱۹۶۸ء)، مہاراشٹر اردو اکادمی ممبئی، بہار اردو اکادمی، پٹنہ، اترپردیش اردو اکادمی لکھنؤ، کلچرل اکاڈمی بنگلور، مغربی بنگال اور اردو اکادمی، نیتاجی سبھاش چندر بوس سمرتی سمّان دہلی برائے صحافت (۱۹۹۰ء) مائینارٹیز ایجوکیشنل فیڈریشن ایوارڈ برائے بہترین مدرس، کالج اور یونیورسٹی ٹیچر ایوارڈس (۱۹۹۸ء) رضوی ایجوکیشل فاؤنڈیشن، ثانی زہراؑ ایوارڈ برائے نمایاں ادبی خدمات (۲۰۰۰ء) اور دیگر چھوٹے بڑے انعام واکرام، اس کے علاوہ مختلف تنظیموں اور اداروں کی رکن نامزد ہوئیں۔ ساہتیہ اکاڈمی دہلی میں پریلیمنری ایڈوائزر کی حیثیت سے دوبار شامل ہوئیں۔ بمبئی یونیورسٹی میں صدر شعبۂ اردو کے عہدے پر ہوتے ہوئے مختلف کمیٹیوں کی رکن بھی رہ چکی ہیں۔

فی الحال رفیعہ شبنم عابدی اپنے شوہر کے ہمراہ اندھیری (مغرب) سات بنگلہ کی گلشن کالونی میں سن رائز اپارٹمنٹ میں رہتی ہیں۔ مالک ایزدی سے دعاہے کہ انھیں درازی عمر اور تندرستی عطا کرے تاکہ آئندہ آنے والی نسلیں بھی ان کی شخصیت سے فیض یاب ہوتی رہیں۔

شخصیت:

میرے کردار کو کیا قتل کرے گی دنیا
میں جہاں بھی رہی بیدار ضمیروں میں رہی

کہتے ہیں کہ انسان کہ شخصیت پر بچپن کے حالات و واقعات گہرے اثرات مرتب کرتے ہیں۔ رفیعہ شبنم عابدی چونکہ ایک اعلیٰ ادبی گھرانے میں پیدا ہوئیں انھیں علم و ادب کا خزانہ ورثہ میں ملا۔ رفیعہ کے بھائی بہن انھیں خاموش طبع ہونے سنجیدہ مزاجی اور سبھی سے الگ تھلگ رہنے کی وجہ سے "کونے کی مکھی" کہہ کر پکارتے تھے۔ مگر یہ کونے کی مکھی در اصل ایسا گوہر نایاب نکلی جس نے سوچ کی گہرائی و گیرائی میں غوطہ زن ہو کر بڑی متانت کے ساتھ اپنی تازہ گہری فکر کو شاعری ، تنقید اور تحقیق کی صورت میں پرت در پرت اپنی شخصیت کے نہاں خانوں کو لوگوں کے سامنے ایسے شگفتہ و شاداب لب و لہجے میں پیش کیا کہ ہر کوئی ان کے مشاہدے کا قائل ہو گیا۔ اور انھیں ادب میں ایک اعلیٰ و افضل مقام پر بیٹھا دیا۔

اس پر اثر شخصیت کو سامنے دیکھنے کا موقع مجھ ناچیز کو اس وقت ملا جب شعبۂ اردو ممبئ یونیورسٹی کے زیر اہتمام منعقدہ سیمینار بہ عنوان " فراق گورکھپوری فن اور شخصیت" کا کلیدی خطبہ موصوفہ نے پیش کیا اور ان کی شخصیت کا اولین تاثر ایسا تھا جس کا بیان میری ناقص عقل کے بیان سے بالاتر ہے۔ ایک تو شخصیت معمر، پر وقار، اور اوپر سے تقریر کا انداز ایسا بے مثال کہ دل چاہ رہا تھا کہ وہ بولتی ہی چلی جائیں اور میری تمام حسیات منجمد ہو کہ سماعت تک محدود ہو جائے۔ تاکہ میں انھیں سنتی چلی جاؤں۔ یہ مبالغہ بالکل بھی نہیں ہے۔ میں ان کی تعریف و توصیف بھلا کیا

بیان کر سکوں گی۔ بہر حال آج ان کی شخصیت کسی تعریف، توصیف اور کسی سرٹیفکٹ کی محتاج نہیں ہے۔ اس بات کا اعتراف ان کے سخن شناس خود بھی کرتے ہیں۔

ان کا چہرہ علم و ادب سے ان کی آشنائی کا بین ثبوت معلوم ہوتا ہے کسی کی بات سنتے وقت ان کے چہرے پر سوچ و فکر کی گہری لکیریں صاف دیکھی جا سکتی ہیں۔ ایسا محسوس ہوتا ہے کہ گویا کسی گہرے تخیل سے ابھر کر بس اب یا تب کوئی علم و دانش سے بھرا جملہ ان کے لبوں سے ادا ہو گا۔ اس سے زیادہ دلچسپ اور خوبصورت ان کی بڑی گہری آنکھیں سونے پر سہاگہ کا کام کرتی ہیں۔ بقول عابدی صاحب یہ آنکھیں جن سے ہوش مندی اور ذہانت جھانکتی ہے۔ جو اچھے اور برے کی تمیز کرنا جانتی ہیں ناک ستواں نہ سہی مگر ان کی پر وقار شخصیت کے اعتبار سے وقار بھر ناک ان کے چہرے پر بہت جچتی ہے۔ آنکھوں میں ہلکی سی کاجل کی لکیر اور لب ساری کی مناسبت سے کسی ہلکے رنگ کی لپ اسٹک سے مزین، جن لبوں سے ہمہ وقت مقدس الفاظ نکل کر مدِّ مقابل کے حواسوں پر چھا جاتے ہیں لب و لہجہ بے حد مترنم اور آواز کا اتار چڑھاؤ کسی دھیمی موسیقی کا گمان کراتا ہے۔ رفیعہ بونے قد کی ہیں۔ گندمی رنگ، خوش پوشاک اور ہلکے گھنگھریالے دراز گیسو، کم عمر اور چھوٹے انھیں عزت و احترام سے رفیعہ آپا کہہ کر پکارتے ہیں تو بڑی محبت و اپنائیت سے بڑے عمدہ طریقے سے اور بڑی خندہ پیشانی سے ملتی ہیں۔ حتی کہ مزاج ایسا صلح پسند ہے اپنے دشمنوں کو بھی فوراً معاف کر دیتی ہیں۔ انھیں کی زبانی سنیئے:

میں اپنے دشمنوں سے بھی بدلہ نہ لے سکی

نفرت مرے مزاج کا حصہ کبھی نہ تھی

ان کی ساری خوبیاں انھیں ایک عمدہ، ہندوستانی عورت کے حسن کی عمدہ مثال بنا دیتی ہے اور یہ صرف حلیہ کی حد تک ہی نہیں بلکہ عملی طور پر بھی وہ ہندوستانی عورت کا سچا روپ ہیں۔ تانیثی اور نسائی شاعرہ ہونے کے باوجود کافی conservative واقع ہوئی ہیں، یہاں وہ "خاتون خانہ ہو وہ صبا کی پری نہ ہو"۔ اس بات کی قائل نظر آتی ہیں۔ اسکے باوجود اپنے حقوق آگہی اور ان کا جائز استعمال کرنے سے وہ کبھی چونکتی نہیں ہیں

"ہر چند کہ آزادیِ فکر و فن کی قائل ہوں مگر آزادیِ نسواں کا مفہوم میرے نزدیک وہ نہیں جو ہماری بیشتر شاعرات کے یہاں دکھائی دیتا ہے۔ مجھے مرد سے کوئی شکایت نہیں کہ وہ عورت پر ظلم کیوں کرتا ہے۔ مجھے عورت سے شکایت ہے کہ وہ مرد کے ظلم کیوں سہتی ہے۔ اپنے آپ کو مظلوم کیوں تصور کرتی ہے۔"۵

بعض اوقات یہ احتجاجی لہجہ ہلکی سی کرختگی اختیار کر جاتا ہے۔ پھر وہی ان کا ازلی اعتدال پسند رویہ اسے تھپکی دے کر پر سکون کر دیتا ہے۔ ان کا یہی رویہ انھیں مردوزن میں یکساں مقبول کرتا ہے۔ اور یہ بات بھی اپنی جگہ درست ہے کہ مذہب کی پاسدار اور عورتوں کی بے جا آزادی کے خلاف سہی لیکن بعض اوقات ان روایتوں سے انحراف کرتی نظر آتی ہیں اور یہی کشمکش ان کی حیات و شخصیت کے ساتھ ساتھ شاعری کی بھی شناخت معلوم ہوتی ہے۔

شہر میں، دشت میں، گلزار میں کب جاتی ہے
میری آواز مرے گھر میں ہی دب جاتی ہے

ایک لمحہ بھی اگر سیر کو باہر نکلوں
شہر میں ڈھونڈھنے لگتا ہے مجھے گھر میرا

درون خانہ افراد کے تاثرات سے ان کی شخصیت کا جو تاثر نکلتا ہے۔ وہ کچھ ایسا ہے کہ وہ نہایت ہی شوہر پرست، سلیقہ شعار بیوی، اپنے بچوں کی خواہشات پر ممتا نچھاور کرنے والی ماں اور ایک ایسی بہو جو اپنی ساس کی گہری سہیلی اور بہو کی دوست و غم گسار ساس ہیں۔ شاداب سید لکھتی ہیں:

"میں نے اپنی ماں کی شکل میں ایک ایسی عورت کو دیکھا جو بہو بنی تو ساس اپنے سارے دکھڑے، حال دل راز بیاں کرنے کے لئے اس کا انتظار کرتی اور بچپن کی پکی سہیلیوں کی طرح بیٹھ کر ایک دوسرے کا درد بانٹا جاتا۔ سسر کے ساتھ عربی، فارسی زبان و ادب کے علاوہ مذہبی موضوعات پر گفتگو ہوتی۔ ممی وہ ماں ہے جو بیٹیوں کو رخصت کرتی ہے تو اس نصیحت کے ساتھ کہ ساس کو اپنی ماں سمجھنا اور نندوں اور دیوروں کو بھائی بہن۔ اور جب بہو بیاہ کر لاتی ہیں تو بیٹوں کے سر پر اپنا ہاتھ رکھ کر قسم لیتی ہیں کہ تمھارا سلوک اپنے ساس سسر کے ساتھ بالکل والدین جیسا ہو گا۔ جو درجہ والدین کا ہے وہی بیوی کے والدین کا ہو گا۔"٦ے

رفیعہ کی شخصیت کا یہ خاصہ ہے کہ وہ رشتے نبھانا خوب جاتی ہیں۔ شاید اسی باعث ان کے بہو بیٹے انھیں کو اپنا آئیڈیل تصور کرتے ہیں۔ ویسے تو انھیں غصہ جلدی نہیں آتا مگر جب کوئی بات طبیعت کے منافی ہو جائے اور ناگوار محسوس ہو، وہ بھی خاص طور سے اپنے خود کے بچوں کے تعلق سے تو انھیں غصہ ضرور آتا ہے۔

اور مزے کی بات یہ ہے کہ غصہ میں احتجاج انگریزی زبان میں کرتی ہیں اور فر فر انگریزی کے کچھ اس طرح کے جملے ان کے منھ سے نکلتے ہیں مثلاً:

I cannot tolarate all these things, I hate this, I don't

,like nonsense

وغیرہ وغیرہ جن سے سب سے زیادہ محبت کرتی ہیں انھیں سے تغافل برتتی ہیں مگر ان کی طبیعت میں کچھ اس طرح کی نرمی موجود ہے کہ اپنے دشمنوں تک سے زیادہ دنوں تک ناراض نہیں رہ سکتیں۔ تو اپنے بچوں سے کب تک ناراضگی مناسکتی ہیں۔ ان کی ۳۸ سے ۳۹ سالہ کامیاب ازدواجی زندگی کی بنیاد بھی ان کا اعتدال پسند رویہ ہی ہے۔ اور اس معتدل رویے کی باعث انھوں نے اپنے شوہر، بچوں امور خانہ داری اور شعر وادب

ان تمام خانوں کو صحیح ڈھنگ سے پر کرنے کی مکمل سعی کی اور کامیاب بھی ٹھہریں۔

ان کی انصاف پسند طبیعت اور صلح رحمی والے رویہ کا کئی لوگ فائدہ اٹھاتے ہیں۔ خاص کر شعر و ادب میں اتنا بلند مقام ہونے کی وجہ سے ان کے کئی دشمن بھی ہیں لیکن حریفوں کو حسن و سلوک سے زیر کرنا ان کے دلوں پر حکومت کرنے کی ضد ان میں بدرجہ اتم موجود ہے۔ سچ تو یہ ہے کہ لڑنا جھگڑنا ان کی سرشت میں ہے ہی نہیں۔ اور اگر کسی سے لڑائی ہو بھی جائے تو لڑتے لڑتے انھیں رونا آجاتا ہے۔ اور اسی کے بارے میں سوچ سوچ کر جان ہلکان کر دیتی ہیں یہاں تک کہ بیمار ہو جاتی ہیں پھر تمام بچے اور عابدی صاحب کوئی نہ کوئی الٹی سیدھی حرکتیں کر کے ان کا جی

بہلائے رکھنے اور دھیان بٹانے رکھنے کی سعی میں جٹ جاتے ہیں۔

زندگی اور ادب کے متعلق رفیعہ کے چند اصول ہیں وہ چاہتی ہیں کہ جہاں بھی جاؤں کامیاب ٹھہروں۔ ان کی اس ضد نے انھیں گھر آنگن سے لے کر ادبی دنیا کی بسیط وادیوں تک میں کامرانیاں عطا کیں۔ گھر میں مکمل طور پر ایک روایتی گھریلو عورت کا کردار نبھایا ایک ایسی خاتون خانہ جس نے اپنے گھریلو کام اور ادبی مصروفیات کے باوجود اپنے بچوں کو صحیح طریقہ زندگی سکھانے میں کوئی دقیقہ فرو گذاشت نہ کیا تو وہیں ادب کے تئیں مکمل خدمات انجام دیتی رہیں دوست و احباب کے حلقۂ میں کوئی علیل ہوا تو اس کی عیادت و غم گساری کے لئے جانا بھی از حد ضروری خیال کرتی ہیں۔ انھیں دیکھ کر اور ان کے علم و عمل کے قصے سن کر یہ گمان ہونے لگتا ہے کہ آیا یہ عورت کوئی عورت ہی ہے یا جادو گرنی جو ہمہ وقت ہر کام کرنے پر یو نہی آمادہ رہتی ہے۔ مگر ہر وقت کام کو کرنے کے لئے تیار رہنے والی یہ شخصیت بعض اوقات عجلت میں بہت سے کام بگاڑ بھی دیتی ہے۔ ہاں یہ حقیقت ہے یا یہ کہہ سکتے ہیں کہ یہ ان کی شخصیت کا ایک چھوٹا سا منفی پہلو ہے۔ کہ وہ عجلت پسند ہیں۔ اسی باعث جب کچھ کام بگڑ جاتے ہیں تو ندامت اور پچھتاوا بھی محسوس کرتی ہیں۔

فیاض احمد فیضی جو رفیعہ کو اپنے بچپن سے جانتے ہیں وہ اس مسحور کن شخصیت اور ان کی مداح کچھ اس انداز میں کرتے ہیں کہ:

"رفیعہ شبنم کی دیانت داری کے بارے میں کیا عرض کروں انھیں زندگی میں بد دیانتی کے بہت کم مواقع نصیب ہوئے۔ لیکن جہاں بھی ملے وہ ان سے یوں

دامن بچا کر نکل گئیں جیسے آج کل کے سیاستدان سچ بولنے سے ڈرتے ہیں کہ کہیں ان کی عادت نہ بگڑ جائے۔ رفیعہ شبنم کو میں نے کبھی کبھی جھوٹ بولتے سنا ہے۔ لیکن وہ سب بڑے بے ضرر قسم کے جھوٹ ہوا کرتے ہیں۔" ۷

اس سے یہ بات سمجھ میں آتی ہے کہ کسی بھلے کی خاطر وہ جھوٹ بھی کہہ سکتی ہے۔ واقعی وہ ان کی حساس اس طبیعت اب تک ان پر چھائی ہوئی ہے۔ یا ہم یہ بھی کہہ سکتے ہیں کہ اب اس طبیعت نے انھیں اتنی مہارت عطا کر دی ہے کہ لفظوں کے بغیر صرف حسیات سے ہی وہ لوگوں کے دکھ جان لیتی ہیں۔

بڑا سکون، بڑا سکھ ہے اس کے سائے میں
وہ ایک پیڑ جو برگد کی چھاؤں جیسا ہے

استاد کی حیثیت سے بھی رفیعہ کی شخصیت اتنی ہی اہم اتنی ہی پر اثر رہی ہے۔ آج بھی ان کے شاگرد انھیں بے انتہا عقیدت و احترام کے ساتھ نہ صرف آنکھوں پر بٹھاتے ہیں بلکہ ان ہی کے نقش پا پر چلنے کی کوشش بھی کرتے ہیں۔ اس ضمن میں اعجاز احمد لکھتے ہیں:

"بقول شخصے: معلم اس جوہری کی مانند ہوتا ہے جو ایک بے ڈول پتھر کو تراش کر نگینہ بنا دیتا ہے۔ ہماری استاد بالکل اسی طرح کی جوہری ہیں۔ جو ہم جیسے کم اور ناقص العلم طلبہ کو تراش کر انھیں کامیاب زندگی گزارنے میں بڑی مدد دیتی ہیں۔ اور ان کے پڑھانے کا انداز بہت ہی خوبصورت ہے۔ وہ پڑھائی کے دوران اپنے حسنِ عمل سے بچوں کے ذہنوں میں رچ بس جاتی ہیں۔" ۸

رفیعہ شبنم عابدی کی ہمہ جہت، ہمہ رنگ شخصیت اور اس میں نہاں و پوشیدہ،

خوبیوں کی قوس قزح کو چند ایک صفحوں میں سمیٹنا بالکل ناممکن امر ہے۔ اور مجھ جیسی ناقص العلم، ناقص العقل طالب علم کے بیان سے باہر بھی۔ ان کی شایان شان پذیرائی کرنے کا حق تو ادب کے جیالے اور متوالے بھی اب تک ادا کرنے سے قاصر ہیں۔ البتہ تریاق کی خصوصی پیش کش "شناخت رفیعہ شبنم عابدی نمبر سے ان کی شاعری اور شخصیت کے کئی باطنی پہلو ہر خاص وعام کے سامنے آگئے ہیں۔

حواشی

۱۔ اردو میں نسائی ادب کا منظر نامہ: مرتبہ نیر جہاں جولائی ۲۰۱۴ ص ۹۱

۲۔ ماہنامہ شاعر ممبئ: شمارہ مارچ ۲۰۱۰ ص ۲۹

۳۔ ایضاً ص ۱۲

۴۔ ایضاً ص ۱۲

۵۔ ماہنامہ تریاق ممبئ: رفیعہ شبنم عابدی نمبر جون ۲۰۱۷ ص ۳۵

۶۔ ایضاً ص ۲۷

۷۔ ایضاً ص ۵۷

۸۔ ایضاً ۶۲

***

ترقی پسند تحریک اور اس کے شہ سوار

ترقی پسند تحریک کا ادب و ادیب

مرتبہ : ادارہ حیات

بین الاقوامی ایڈیشن منظر عام پر آچکا ہے